PJ COUNTY REL. 1970

LE
MARIAGE
AUX ÉCUS

PAR

MAXIMILIEN PERRIN

1

PARIS
ALEXANDRE CADOT, ÉDITEUR
37, rue Serpente.
1857

LE MARIAGE AUX ÉCUS

Mariage (le) **aux écus**, par Maximilien Perrin	2 vol.
Femmes (les) **de la Bourse**	2 vol.
Nicette, par Adrien Paul	2 vol.
Cochon (le) **de St-Antoine**, (conte) par Ch. Hugo	3 vol.
Camille, par Roger de Beauvoir	2 vol.
Madame de Monflanquin, par Paul de Kock	5 vol.
La Bouquetière du Château-d'Eau, par le même	6 vol.
Un monsieur très tourmenté, par le même	2 vol.
Les Étuvistes, par le même	8 vol.
L'Eau et le Feu, par G. de la Landelle	2 vol.
Faustine et Sydonie, par madame Ch. Reybaud	3 vol.
Jean qui pleure et Jean qui rit, par Ad. Robert	2 vol.
Un amour de vieillard, par le marq. de Foudras	3 vol.
Les Veillées de Saint-Hubert, par le même	2 vol.
Deux trahisons, par Auguste Maquet	2 vol.
La famille Aubry, par Paul Meurice	3 vol.
Les trois Reines, par X. B. Saintine	2 vol.
Un Mari confident, par madame Sophie Gay	2 vol.
Une vieille Maîtresse, par J. Barbey d'Aurevilly	3 vol.
Le capitaine Simon, par Paul Féval	2 vol.
Georges III, par Léon Gozlan	3 vol.
Le prince de Galles, par le même	5 vol.
Pérégrine, par le même	4 vol.
La Sonora, par Paul Duplessis	4 vol.
Le Neuf de pique, par la comtesse Dash	6 vol.
Mystères de la famille, par Élie Berthet	3 vol.
Le château de Noirac, par G. de la Landelle	2 vol.
Riche d'amour, par Maximilien Perrin	2 vol.
Le mauvais Monde, par Adrien Robert	2 vol.
La mère Rainette, par Charles Deslys	6 vol.

Fontainebleau. — Imp. de E. Jacquin.

LE
MARIAGE
AUX ÉCUS

PAR

MAXIMILIEN PERRIN

1

PARIS
ALEXANDRE CADOT ÉDITEUR,
37, rue Serpente.
1857

I

La mansarde de l'artiste.

C'était par une belle matinée du mois de juin, et comme la sixième heure tintait à Saint-Sulpice, qu'une petite femme, âgée tout au plus de vingt à vingt-deux ans, vive et gracieuse dans sa taille et ses mouvements, en plus gratifiée d'un minois gentil et fripon, après avoir grimpé d'un pied leste les six étages d'une maison de la rue du Pot-du-Fer, s'empressait de frapper sur l'une des portes d'un palier étroit et mansardé.

— Qui va là? cria une voix de l'intérieur.

— Moi, Gilbert, ouvre vite, répondit la visiteuse matinale.

Une seconde d'attente, puis une main qui sortait d'un lit, ouvrit et donna entrée à la jeune femme, dans une chambre mansardée meublée d'un lit de fer, d'une petite table de noyer d'une bouteille dans laquelle était fichée une chandelle, de deux chaises, d'un chevalet sur lequel était posée une toile ornée d'une ébauche de paysage, puis, appendus à la muraille en guise de papier, des ébauches de peinture de toutes dimensions, des gravures piquées avec des épingles et sur une tablette des bustes et statuettes en plâtre, le tout couvert d'une couche de poussière d'une ligne d'épaisseur. Le plus grand désordre régnait dans la dite pièce qui tout à la fois servait de salle à manger, de chambre à coucher, de salon et surtout d'atelier à son locataire monsieur Armand Gilbert, artiste peintre, qui moyennant la modique redevance de cent francs par an, fort mal payée à son propriétaire, jouissait de tous les avantages du local ci-dessus désigné.

A peine entrée et la porte ayant été exactement refermée, la visiteuse souriante, fut sans nul scrupule s'assoir sur le lit dans lequel reposait encore notre jeune peintre Armand Gilbert, beau jeune homme de vingt-trois ans, à la chevelure noire et bouclée, au visage riant et ouvert qu'ornait une barbe épaisse et taillée à la Raphaël.

—Çà, ma chère Fœdora, je ne dirais pas : encore toi, parce que ce serait une insulte que je te décocherais et que tu es trop bonne amie pour qu'on s'écarte à ton égard du langage de l'exquise galanterie, mais fais-moi le plaisir de m'apprendre ce qui me vaut ta visite matinale.

— Le plaisir de te voir, méchant, et de causer un instant avec toi afin de bien me persuader qu'il n'est que trop vrai que tu ne m'aimes plus, ingrat! termina Fœdora en soupirant.

— Premièrement, pour avoir cessé de t'aimer, impossible, vu que je ressens toujours pour toi un grand fond d'amitié qui chez moi a succédé à cet amour brûlant que tes charmes surent m'inspirer jadis.

— Quoi, plus rien que de l'amitié, mon petit Gilbert? fit la jeune femme en se penchant sur le jeune homme pour glisser cavalièrement un bras autour de son cou.

— Hélas oui! Qui accuser de ce changement dans un cœur qui ne brûlait que pour toi? Qui a séparé deux cœurs qui n'en faisaient plus qu'un, si ce n'est toi, perfide, âme vulgaire et intéressée, toi qui, dédaignant ta modeste et indépendante position de coloriste, et cette jolie mansarde que tu habitais, paradis terrestre témoin de nos amours, où je fis ta connaissance, où s'écoulèrent pour nous des jours et des nuits pleins de charmes, pour devenir l'épouse légitime de ton propriétaire, pour devenir enfin madame Veauluisant! l'épouse d'un court et gros bipède, bête à manger du foin et horrible possesseur de douze mille livres de rente. Infâme!! Et après cet abandon indélicat, cette escobarderie de mauvais goût, tu t'étonnes que mon sensible cœur ulcéré jusque dans ses fondements, soit devenu de glace à ton endroit! Mais malheureuse, tu n'apprécie donc pas toute l'énormité de la faute que tu as commise en jetant la douleur et le regret dans mon âme sensible et constante? Tu ne...

—Assez, hein, tu m'ennuies, Gilbert avec tes grandes phrases de mélodrame et ton indignation de contrebande. Eh bien, oui! et je te l'ai déjà répété vingt fois; lasse de travailler comme un cheval et de toujours végéter; fatiguée d'attendre que tu deviennes un peintre célèbre et la réalisation de toutes les promesses dorées que tu me faisais chaque jour, je me suis laissée prendre aux mielleuses paroles que me débitait mon propriétaire M. Véauluisant, homme vieux, laid, bête et grêlé, j'en conviens ; mais qui, en compensation de ces légers défauts, œuvre du hasard et de la nature, possède avec ses cinquante printemps douze mille livres de rente et un fond inépuisable d'amour et de bonassité; être sans pareil, propriétaire digne du prix Montyon qui, à l'encontre de ses collègues, lorsqu'il se transportait de son somptueux appartement dans ma misérable mansarde, au lieu de réclamer l'argent que je lui devais, ne me roucoulait autre qu'un doux langage d'amour, me parlait cachemire, velours et châle carré Blerzi. Et moi hélas ! faible fille souvent réduite au pain sec, habillée d'indienne, j'ai cédé en échangeant ma douce indépendance contre la chaîne dorée d'un hymen mal ou bien assorti, acheva Fœdora d'un ton plaintif.

— Alors que demandes-tu donc, femme Veauluisant? L'adultère, les joies des jeunes amours ! que je t'aide à tromper un époux généreux et confiant, n'est-ce pas ? Eh bien non ! car ma délicatesse s'y refuse... qu'est-ce que tu as là dans ce panier, épouse criminelle ! ça sent fort bon.

— Désireuse de te convoquer à un banquet en tête à tête, puis espérant de te retrouver moins féroce, mon Gilbert, j'ai apporté à tout hasard, un pâté, une livre de veau piqué, des fruits, du vin, du café et pousse-café... qu'en dis-tu ?...

— Que l'honneur conjugal et les mœurs ne s'opposent pas à ce que deux amis déjeûnent ensemble ; j'accepte l'invitation, répondit Gilbert, en se jetant en bas du lit pour s'habiller, tandis que Fœdora après avoir tout en fredonnant le refrain d'un quadrille de la *Closerie des lilas*, débarrassé la table de tout ce qui l'encombrait, s'empressait de dresser deux petits couverts sur une feuille de papier en guise de nappe. Il y avait un grand quart d'heure que nos deux jeunes gens avaient quitté la table, n'y laissant que les miettes, un grand quart d'heure, dis-je, que le silence régnait dans la chambrette, pourquoi ? on n'en sut jamais rien, lorsqu'on frappa rudement à la porte et qu'une voix fraîche et sonore prononça le nom de Gilbert.

— C'est un intime, c'est l'ami Richard, faut-il répondre? murmura doucement Gilbert à l'oreille de Fœdora.

— Dis-lui qu'il revienne dans une heure, répliqua la jeune femme.

— Richard, inutile, ami, d'enfoncer ainsi une porte, je suis au travail, le feu du génie m'inspire, en ce moment mon modèle est dans le simple négligé de la Vénus sortant de l'onde... Reviens dans une heure, je t'attendrai, cria Gilbert d'une voix flûtée.

— C'est dit, dans une heure... je vais prendre une choppe. Bon courage, répondit Richard en se retirant, et duquel le bruit des pas se perdit dans la profondeur d'un corridor.

Une demi-heure plus tard Fœdora, femme Veauluisant, quittait furtivement la mansarde de l'artiste, pour se diriger vers le domicile conjugal, où elle retrouvait son mari encore au lit.

— D'où viens-tu, bichette? s'empressa de demander Veauluisant à sa moitié.

— Du bain, mon chéri. Allons, lève-toi, mon adoré, il fait un temps superbe, et je meurs d'envie d'aller faire une promenade au bois de Boulogne.

— Très volontiers, ma Fœdora, du moment où nos moyens nous permettent cette petite distraction... Ah dame! le temps est passé, où, pauvre ouvrière, tu étais forcée de travailler du matin au soir et de te priver de toute espèce de distraction...

— Alcindor, vous êtes incorrigible, je vous ai cent fois défendu de me parler de ce temps-là, et vous semblez prendre un malin plaisir à me le rappeler. Je vous préviens que si cela vous arrive encore une fois, que je fais lit à part, une seconde, je demande aux lois séparation, et les cent mille francs que vous m'avez reconnus par contrat en nous mariant.

— Allons, allons, mignonnette, voilà que tu t'emportes, que tu prends au sérieux une simple plaisanterie, histoire de rire seulement, répliquait Veauluisant, en sortant du lit son corps épais, pour se dresser, ses deux petites jambes grêles.

— C'est pourtant vrai, chérie, que je t'ai

reconnu cent mille francs, ce qui était de ma part une preuve d'amour et de confiance, disait encore l'époux tout en se fourrant dans un caleçon de flanelle.

— Ma foi! ce n'a pas été payé trop cher l'acquisition d'une jeune et jolie femme comme moi, j'espère; un modèle d'amour, de soins et de constance, fit Fœdora.

— Aussi, je n'ai garde, chérie, de me plaindre de l'acquisition, reprit Veauluisant tout en ôtant son bonnet de coton pour passer ensuite ses doigts dans sa claire chevelure grisonnée, et la relever en coup de vent.

L'heure s'était vivement écoulée à l'estaminet en compagnie d'une choppe de bière de Strasbourg et d'un excellent cigare de la Havane, pour Richard, jeune statuaire, et ami intime du peintre Gilbert ; aussi, fidèle à l'invitation, Richard s'était-il empressé de grimper une seconde fois les cinq étages pour aller frapper de nouveau à la porte de l'amitié qui s'ouvrit, cette fois, sans tarder.

— Le diable t'emporte de me faire revenir... avec qui étais-tu donc ?

— Avec une femme.

— Fœdora, je gage... je l'ai flairée à travers ta porte.

— Tu as deviné juste.

— Ah ça, tu ne pourras donc jamais te passer de cette écervelée ?

— Que veux-tu ? elle m'adore, et la gaillarde est tenace.

— Femme maudite, race incorrigible ! mettre la main sur un niais qui lui donne un nom et une fortune honorables, et ne pouvoir demeurer en repos ni devenir une honnête femme !

— Pourquoi veux-tu que le diable se fasse ermite, et sur quelle herbe as-tu marché ce matin pour faire ainsi le redresseur de torts de l'espèce humaine ? interrogea Gilbert en riant.

— Ça sent terriblement la bonne chère ici, reprit Richard, le nez au vent et flairant de droite et de gauche.

— Aurais-tu faim, par hasard ?

— Je tombe d'inanition.

— Pourquoi n'as-tu pas déjeûné avant de te mettre en route ?

— Demande intempestive et saugrenue ! Parce que nous tirons à la fin d'un mois, et que je n'ai pas le sou, parce que, encore, mon Véfour à un franc cinquante centimes par tête a eu ce matin l'infamie de me refuser son crédit sous le fallacieux prétexte que je suis en retard de trois mois de paiement; enfin, parce qu'il n'y a plus d'âme sensible autre, dans le quartier, que celle du maître de notre estaminet qui consente à me verser sa bière sans en exiger la valeur *in petto*.

— Mon ami Richard, vous êtes un affreux prodigue, votre vertueuse mère, de sa ville de Sens vous envoie exactement cent cinquante francs chaque mois, afin de pourvoir à vos besoins quotidiens; qu'en faites-vous ? De l'orgie, aussi, qu'arrive-t-il ? le dix du mois votre bourse est déjà vide.

— Mon ami Gilbert, vous êtes sans le sou, ni famille, vous végétez du produit de votre talent naissant en barbouillant des toiles que vous achètent le quart de leur valeur, une foule de marchands de bric-à-brac voleurs patentés, infâmes canailles s'engraissant de votre sueur, et qui n'en ont pas plus d'égard pour vous. Or, souvenez-vous, ami, que, tout étant commun entre nous, peines et plaisirs, ma bourse est la vôtre et la vôtre la mienne, mais comme la vôtre se trouve assez souvent à sec, c'est la mienne qui supplée à ce funeste inconvénient, de là, soit dit sans reproche, l'unique cause de la débine dont votre amitié se permet de m'adresser le reproche.

Au lieu de prêter l'oreille au discours que lui adressait Richard qui s'était étendu sur le lit où il fumait une pipe, Gilbert, tout en sifflotant, s'empressait de sortir de la malle qui lui tenait lieu d'armoire et de buffet, une moitié de pâté, un morceau de veau piqué, la moitié d'un pain et une bouteille de vin, plus un flacon de cognac, débris du déjeûner apporté par Fœdora.

— O ciel ! qu'est cela ? un festin de Lucullus! Gilbert, serais-tu, sans y songer, devenu millionnaire? ou plutôt quel est le Chevet dont la candeur a eu assez de confiance en la tienne pour te fournir à l'œil ce festin digne de la table des dieux?

Ainsi disait Richard émerveillé en attaquant les comestibles que Gilbert venait de lui servir sur le bord du lit :

> Ami, de ce festin, rends grâce à l'amour,
> Et de ma Fœdora reconnais le bonjour !

se mit à déclamer Gilbert.

— Cette poésie est digne d'un charcutier, mais avec ce pâté, j'espère la digérer, répliqua Richard sur le même ton.

— Te sentirais-tu aujourd'hui une vocation insurmontable pour le travail, ami Richard ? interrogea Gilbert.

— Moi, pas la moindre velléité, je suis au contraire dans mon jour de flâne... et toi, Gilbert ?...

— Moi, pas plus d'inspiration que dessus la main.

— Or, reprit Richard, je conclus de là qu'un artiste qui, en dépit d'une pareille disposition, s'obstinerait au travail ne ferait rien qui vaille et je lui conseillerais alors d'aller puiser l'inspiration sous le feuillage épais d'une verte campagne, surtout si comme toi le paysage était sa spécialité.

— Compris ; lève-toi et filons, répliqua joyeusement Gilbert.

— De quel côté porter nos pas errants ?

— Saint-Cloud, Ville-d'Avray, sites enchanteurs ! fit Gilbert.

— Soit, et en route ! répliqua Richard en se jetant au bas du lit, seulement, reprit-il, il est cruel pour deux gaillards spirituels et gens de talent tels que nous, de se mettre en campagne le gousset désargenté, alors aucun moyen de se désaltérer en cas de besoin.

— Tout de même, en se penchant vers

la source qui murmure sous le vert gazon.

— Oui, mais en fait d'eau fraîche et limpide, j'avoue que je préfère le bon vin ou la bière.

— Hélas! je suis de ton avis, cher Richard, mais il faut nous contenter de ce que le bon Dieu nous envoie, en l'absence totale de numéraire.

Tout en disant ainsi Gilbert qui s'habillait, passait à ce moment un gilet duquel s'échappa une pièce d'or de vingt francs, qui s'en fut rouler jusqu'aux pieds de Richard.

— Qu'est cela! Le Pactole prendrait-il sa source dans cette fortunée mansarde? s'écria Richard en s'empressant de ramasser la dite pièce.

— O miracle suprême! encore de l'or, toujours de l'or! disait à son tour Gilbert ébahi en sortant du gousset et une à une, dix pièces de la même couleur, — deux cents francs!! oh malheur nous bravons tes coups, reprit Gilbert avec audace.

— Gilbert! vous êtes un sournois et l'amitié, la confiance vous somment de par ma voix de lui dire d'où proviennent ces richesses mystérieuses.

— Parbleu! tu ne l'as pas encore deviné?

— Non, ma foi, répliqua Richard.

— De Fœdora qui ce matin a glissé ces jaunets dans mon gousset.

— C'est délicat de sa part! décidément cette femme a du bon.

— C'est possible, mais cet or me répugne; étant volé à un mari confiant, je dois le refuser, le rendre, fit sévèrement Gilbert.

— Oui, le rendre ; pas aujourd'hui, mais lorsque tu auras terminé ce paysage que doit t'acheter le juif Moïse et moi ma statuette d'Ajax menaçant les dieux, petit chef-d'œuvre attendu avec impatience par un riche marchand de curiosités, qui doit me la payer un prix fantastique.

— Non, non, pas de retard, c'est à l'instant même que je veux et dois restituer cet or. Fi! accepter un semblable don serait chose honteuse et méprisable!

— Çà Gilbert ne poussons pas la délicatesse jusqu'à la niaiserie ; ce n'est pas lorsqu'on se met en campagne sans un denier dans sa poche, lorsqu'on n'a plus de crédit, ni de quoi pâturer le lendemain, qu'il s'agit de jouer le sublime et de repousser la main secourable qui se tend vers vous. Crois-moi, gardons momentanément cet or que je me charge de restituer sous huit jours sur les fonds que ma très honorée et excellente mère doit m'envoyer à titre de pension.

— Mais!...

— Pas de mais, j'empoche les jaunets et c'est moi qui deviens le débiteur de Fœdora. Maintenant, en route et vive la joie!

II

Deux sages qui se retirent du monde.

— Comprends bien et suis attentivement mon sage raisonnement, mon cher Gilbert car ceci n'est que l'expression des pensées vertueuses que m'inspire l'aspect de cette belle nature dont je suis l'amant tout dévoué, oui, mon tendre ami, tu avoueras avec moi, que Paris n'est autre qu'un gouffre de perdition pour des cœurs aussi candides que le sont les nôtres. Tu avoueras encore, que les loyers y sont hors de prix, les femmes des trompeuses, d'une friandise, d'une coquetterie effrénée, que les restaurateurs sont d'affreux empoisonneurs, qui nous écorchent tout vif, que l'amour n'est qu'une chimère dans ce bruyant dédale où l'âme ne peut se recueillir en paix, enfin que la bière et le tabac y sont amers comme chicotin.

Ainsi narrait Richard le bras passé sous celui de Gilbert, en se promenant tous deux autour de l'étang de Ville-d'Avray, village où le chemin de fer les avait apportés.

— Assez de préambule comme çà ; à

quoi veux-tu en venir ? fit Gilbert impatient.

— A te proposer, ami, de quitter Paris et ses folles joies, de nous retirer d'un monde pervers et corrompu, enfin de venir ensemble habiter cette charmante et paisible campagne dont les sites offrent à tes habiles pinceaux mille aspects plus enchanteurs les uns que les autres, plus encore qui nous permettra de mener une existence paisible, saine et peu dispendieuse... qu'en dis-tu ?

— Que cette idée me sourit à un tel point qu'il faut nous mettre sans plus tarder à la recherche d'un logement, répliqua vivement Gilbert en s'empressant d'entraîner Richard du côté du village.

— O sympathie, doux lien des âmes! fit

poétiquement Richard en bondissant de joie.

Nos deux amis marchaient depuis une heure dans les rues du village, le nez au vent, lisant chaque écriteau suspendu au-dessus des portes.

Vaste appartement à louer, prix : douze cents francs.

— C'est trop cher.

Chambre à louer, prix : soixante francs.

— C'est trop bon marché.

Maison et vaste jardin à louer en totalité, prix : cinq mille francs.

— C'est inabordable.

Joli appartement avec jouissance d'un beau jardin à louer, prix : trois cents francs. On peut entrer tout de suite en jouissance.

— Voilà notre affaire Richard, sonnons, entrons, visitons et arrêtons.

— C'est dit.

Et Richard sans plus tarder, de tirer la sonnette de la grille devant laquelle ils s'étaient arrêtés et à travers laquelle s'apercevait une charmante maison à l'italienne s'élevant au milieu d'un parterre de fleurs. Une vieille servante à la mine avenante et respectable se présenta.

— Que désirent ces messieurs, s'informat-elle à travers les barreaux.

— Madame, nous souhaitons visiter l'appartement qu'annonce cet écriteau, dit Richard d'un petit ton flûté et tout à fait aimable.

— Donnez-vous la peine d'entrer messieurs, répliqua la servante en s'empressant d'ouvrir la grille. Trois jolies chambres ornées de glaces et de papier neuf, une vue superbe et le droit de promenade dans le jardin, un véritable parc, ces messieurs sont-ils mariés ?

— Garçons et artistes tous deux, mon ami est un statuaire célèbre et moi un peintre paysagiste.

— Franchement et pour cause, reprit la servante, monsieur Leroux, mon maître, préférerait pour locataires des gens mariés, mais vous me paraissez être des jeunes gens distingués, honnêtes et je pense que vous serez acceptés.

— Oh ! vous ne vous trompez pas, chère dame, car nous sommes en effet deux jeunes gens de la plus belle espérance et réunissant toutes les qualités qui constituent l'homme vertueux, ce qui fait que nous fuyons ce Paris, cette ville corrompue où notre vertu se heurte à mille écueils, pour venir dans ce village goûter le repos, pratiquer les vertus champêtres et nous livrer aux travaux de notre art.

— Ainsi disait Richard en marchant côte à côte avec la vieille servante et tout en longeant une longue avenue d'un jardin situé derrière la maison, laquelle avenue conduisait à un petit pavillon rustique délicieusement situé sous un bouquet de beaux arbres au touffu feuillage et dans lequel était situé l'appartement à louer.

— C'est charmant! on ne peut plus commode, un rez-de-chaussée, un jour magnifique et très propre à ton travail ainsi qu'au mien, n'est-ce pas, Richard?

— Certes! du calme, de la verdure, des fleurs, des oiseaux qui gazouillent, enfin un vrai paradis... Donne des arrhes, Gilbert, nous prenons possession.

— Permettez, monsieur, mais il faudrait, avant de rien conclure, que vous prissiez la peine de venir vous entendre avec le propriétaire, monsieur Leroux.

— Cela est de toute justice, chère dame; où demeure cet estimable propriétaire? s'informa Richard.

— Ici même, monsieur, dans le grand bâtiment.

— Conduisez-nous vers lui, chère dame, nous brûlons du désir de terminer cette affaire.

Richard et Gilbert suivirent la servante qui les introduit dans la maison, puis dans un petit salon situé au rez-de-chaussée où elle les pria d'attendre le temps nécessaire pour prévenir son maître. Restés seuls, nos amis s'empressèrent d'examiner à leur aise la pièce dans laquelle ils se trouvaient et d'admirer le mobilier élégant et de bon goût qui la garnissait.

— Ah! ah! un piano, de la tapisserie, décidément il y a une femme ici, observa Richard.

— Qui doit être jeune et de plus jolie, ajouta Gilbert.

— Jolie, oui ou non, vu qu'on peut être laide et malgré cela toucher du piano et faire de la tapisserie.

— C'est juste, mais j'ai le pressentiment que celle-là est jolie.

Comme Gilbert terminait ces mots la

porte s'ouvrit pour donner entrée audit propriétaire, homme d'une quarantaine d'années, de petite taille, très replet, le cou rentré dans les épaules, au visage, boursoufflé, lequel apparut gracieux, souriant et orné d'une paire de besicles en or, à cheval sur le bout du nez. A la vue de ce personnage, les deux jeunes gens se levèrent et saluèrent avec politesse.

— Votre serviteur de tout mon cœur, messieurs; Louison ma gouvernante vient de me dire que l'appartement du pavillon vous convient et que vous désirez en arrêter la location.

— Oui, monsieur, fit Gilbert.

— C'est trois cents francs au plus juste, rien à diminuer, reprit monsieur Leroux.

— Nous acceptons ce prix, sans marchander, monsieur.

— Très bien. Louison m'a dit encore que vous êtes des artistes.

— M. Gilbert, mon ami ci-présent, est un de nos peintres paysagistes des plus distingués.

— Mon ami Richard, ci-présent, est un statuaire dont le talent est généralement reconnu.

— Charmant! charmant! car tel que vous me voyez, messieurs, je suis un grand amateur et admirateur de votre art et si je ne m'étais senti une vocation prononcée pour la finance, j'aurais voulu être un artiste comme vous, messieurs.

Devant cet aveu digne de la logique du

célèbre Prudhomme, les jeunes gens s'inclinèrent respectueusement.

— Maintenant reprit le propriétaire, sous le rapport des mœurs, je n'ai pas besoin de m'en informer, car à en juger par votre ton, vos excellentes manières, vous me paraissez des jeunes gens honnêtes et de bonnes familles, ce à quoi je tiens essentiellement, en ma qualité d'homme paisible, propriétaire d'un immeuble et de plus d'une fille de dix-sept ans, belle et sage.

A ces derniers mots Gilbert placé près de Richard décocha à ce dernier un coup de coude des plus expressifs dans le côté droit.

— Monsieur Leroux... c'est ainsi qu'on vous nomme, je pense ?...

— Anasthase Leroux, oui, messieurs, de

plus, veuf depuis trois ans de Marguerite Bloquet, une épouse adorée dont la perte me rend inconsolable.

— Eh bien ! monsieur Leroux voyez en nous Oreste et Pylade, c'est-à-dire, deux amis inséparables, riches de vertus, légers de fortune, mais pleins d'espoir dans leur talent et dans l'avenir. Mon ami Gilbert ci-présent a la douleur d'être orphelin, quant à moi, je suis propriétaire d'une mère sensible, veuve aussi et de laquelle la tendre sollicitude pourvoit aux besoins de son unique enfant chéri... Telle est la position sociale de vos tous dévoués serviteurs, termina Richard en saluant respectueusement.

— Messieurs, d'après de semblables aveux, je n'hésite plus à vous accepter pour locataires, et vous pourrez prendre possession de votre pavillon quand bon vous plaira.

Merci de cette confiance qui nous honore, monsieur Legris.

— Leroux, s'il vous plaît.

— C'est juste, monsieur Leroux... Gilbert, tire la bourse qui renferme notre or, et paie le premier terme, mon ami.

— Du tout, du tout, messieurs, en fait de location, payer d'avance n'est pas d'usage, et vous avez trois mois devant vous, s'écria l'estimable propriétaire en retenant vivement la main que Gilbert dirigeait vers sa poche.

— Comme il vous plaira, monsieur... Demain nous prenons domicile en apportant un modeste mobilier de campagne que vous voudrez bien excuser.

— J'excuse tout, messieurs, à la campagne le luxe étant tout à fait inutile.

A ce moment parut la servante Louison, armée d'un sourire des plus gracieux, qui, sachant le marché conclu, venait recevoir le denier-à-Dieu; formalité d'usage à laquelle se soumirent nos jeunes gens en plaçant magnifiquement deux pièces de cinq francs dans la main de la servante qui paya cette générosité d'une demi-douzaine de révérences.

Tout étant terminé, il ne restait plus qu'à prendre congé et à gagner la rue, dernière formalité à laquelle nos amis se prêtaient d'assez mauvaise grâce, n'ayant pas encore perdu l'espoir de voir apparaître la jeune divinité de cette champêtre villa; mais hélas! ce fut en vain que pour gagner du temps Gilbert et Richard épuisèrent toute leur rhétorique, rien ne se présenta à leurs avides regards, et force fut de se retirer.

— Ce Leroux me fait l'effet d'être une bonne pâte d'homme, observa Gilbert après avoir quitté la villa.

— Le père d'une jolie fille est toujours estimable quand même, répliqua Richard.

— Jolie ou non.

— Plus, belle, c'est son père qui l'a dit.

— La guenon trouve ses enfants beaux, fit Gilbert.

— Enfin, nous déciderons plus tard la question, car un jour ou l'autre nous finirons peut-être bien par faire sa connaissance.

— Admettons qu'elle soit digne de nos

hommages, lequel alors de nous deux aura le privilége de la séduire sans rivalité jalouse, ni crainte que cette créature féminine ne devienne entre nous une pomme de discorde, demanda Gilbert.

— Non, je te la cède d'avance, les femmes me fatiguent, j'y renonce pour ne plus m'occuper que de mon art.

— Moi de même, à moins que cette fille ne soit un chef-d'œuvre.

— Chef-d'œuvre ou non, je m'en passe, dit Richard avec insouciance.

— Ce cher Leroux paraît à son aise.

— Cet homme a le sac, j'en suis sûr.

— Et sa fille est alors un riche parti ; or, si elle me plaît, je l'épouse.

— Cette idée n'est pas mauvaise, et j'y prêterai la main.

— Ça, cher ami, il me semble que nous ne ferions pas mal de penser au dîner, mon estomac est *in extremis*.

— Bien dit! et tout en dînant, tâchons d'obtenir quelques renseignements sur le compte de notre propriétaire, vu qu'il est important pour nous de ne pas épouser chat en poche.

Un restaurateur d'assez pauvre apparence, mais voisin de la villa Leroux, reçoit nos deux amis qui s'installent chez lui en cabinet particulier.

— Servez-nous chaud, et surtout du bon coin, si vous tenez à ce que nous prenions chez vous nos repas quotidiens, dit Gilbert au traiteur.

— Est-ce que ces messieurs habitent le pays?

— Oui, cher, à partir de demain; nous venons de louer le pavillon du sieur Leroux, votre voisin, lequel paraît être un excellent homme et la perle des propriétaires.

— Ma foi, messieurs, vous ne vous trompez pas en le jugeant ainsi.

— C'est un homme riche, n'est-ce pas? interrogea Gilbert.

— Oh! riche, riche! il l'a été, mais ce qui lui reste aujourd'hui n'est pas lourd, je vous assure... Ces messieurs mangeront-ils un fricandeau?

— Oui, nous en mangerons. Ainsi, ce M. Leroux est un homme ruiné?...

— Ruiné, pas positivement, car il lui reste bien encore une dizaine de mille livres de rente... Ces messieurs désirent-ils du poisson?

— Oui, du poisson. Je crois qu'il fait encore des affaires de banque.

— Non, plus à présent. Il eut mieux cent fois valu que le cher homme n'en fît jamais, avec sa bonhomie et sa manière de croire tout le monde honnête comme lui; aussi, qu'est-il arrivé? que ses trente mille livres de rente lui ont été volées par une foule d'intrigants auxquels il a prêté son argent à tort et à travers. Ces messieurs mangeront-ils du gibier?

— Oui, du gibier.

— On nous a dit que ce cher M. Leroux a une fille charmante, est-ce vrai? demanda Gilbert.

— Mademoiselle Alice, jolie tout à fait

et bonne comme le bon Dieu, pauvre enfant qui déjà devrait être mariée sans les brioches qu'a faites M. son père. Ces messieurs prendront-ils du dessert ?

— Nous en prendrons, répliqua gravement Richard.

— C'est égal, jeune, belle, instruite et héritière de dix mille francs de rente, mademoiselle Alice Leroux n'est pas encore un parti à dédaigner, observa Gilbert.

— Sans compter qu'elle sera un beau jour, héritière d'une vieille tante du côté de son père, qu'on dit aussi avare qu'elle est riche et méchante. Ces messieurs prendront-ils du café ?

— Nous en prendrons, si las de bavarder, vous consentez enfin à nous servir, répliqua Richard.

— A l'instant même, messieurs! fit le traiteur en s'éloignant d'un pas rapide afin d'éviter sans doute de nouvelles questions.

Après un assez bon dîner et la tête échauffée par deux bouteilles de champagne, Richard et Gilbert se remirent en route pour gagner Paris.

En passant devant la grille de la villa Leroux, tous deux aperçurent une jeune fille à la taille de sylphide, vêtue d'une robe de mousseline blanche et légère, qui se jouait à travers les fleurs du parterre.

— C'est elle! fit Gilbert avec ravissement.

— Ça m'en a tout l'air, mais nous nous en assurerons demain, répondit Richard en entraînant le contemplateur.

III

Bonheur et déception.

— D'où venez-vous donc, papa, depuis deux heures que votre déjeûner vous attend? demandait à son père, en le voyant rentrer, mademoiselle Alice Leroux, jeune fille de dix-sept ans au plus, avantagée d'un doux et gracieux visage harmonieusement encadré par d'abondantes boucles d'une magnifique chevelure blonde.

— Chère petite, je viens de faire ma visite habituelle à nos jeunes locataires.

— Mon Dieu, papa, comme vous avez pris ces messieurs en affection, fit Alice, en souriant.

— C'est qu'ils me plaisent beaucoup, en effet; ensuite j'admire leur talent, et j'ai dû assister à leur travail.

— Et puis autre chose encore que vous ne m'avouez pas, dit finement la jolie fille.

— Bah! quoi donc?

— Que vous faites faire votre statuette à M. Richard, afin de m'en faire présent.

— Démon de petite fille, on ne peut rien lui cacher; moi qui voulais la surprendre, fit Leroux avec humeur.

— Allons, papa, ne faites pas la moue ; quand m'arrivera ce joli présent si cher à mon cœur, je ferai la surprise et vous embrasserai bien fort.

— Voyons, dis-moi qui m'a trahi : Louison, sans doute ? vieille bavarde !

— N'accusez personne que moi, cher papa, qui, hier, en passant devant la fenêtre de l'atelier de M. Richard, ai aperçu cette gentille statuette, et comme ces messieurs étaient absents et la porte ouverte, je suis entrée pour mieux m'assurer de la ressemblance.

— Curieuse, va ! et tu m'as reconnu ?

— Parfaitement ! c'est tout à fait vous.

— Eh bien, petite, ce sera bientôt ton tour, car M. Gilbert a reçu de moi la commande de ton portrait à l'huile, dont je veux que tu me fasses cadeau.

— Quoi! serai-je aussi forcée d'aller poser chez ces messieurs?

— Du tout! M. Gilbert viendra te peindre ici; or, dispose-toi, et fais-toi le plus jolie possible. Demain la première séance.

Il y a quinze jours que les deux amis habitent le pavillon, il y en a quatorze que Gilbert est subitement tombé amoureux de la jolie Alice; quatorze jours qu'il rêve d'elle chaque nuit et en parle à Richard, tant que la journée dure.

On se lie vite à la campagne, une rencontre au jardin suffit pour se connaître; une fleur plus belle qu'une autre devient facilement un sujet de conversation. C'est donc au jardin que nos artistes ont pour la première fois salué Alice, contemplé sa grâce et ses charmes, où l'on s'est mis à causer sérieusement d'abord, puis le jour suivant avec plus d'intimité. Et puis, il est si bon, après une journée de chaleur étouffante de respirer paresseusement l'air frais du soir, au milieu des arbres et des fleurs, et là, de se livrer à une agréable causerie.

Ainsi s'étaient passées les choses, et il faisait beau voir combien ces deux amis, encouragés par la bonhomie du père, inspirés par la présence et les charmes de la jeune fille, faisaient à qui mieux mieux le bon apôtre, en luttant d'esprit et de gaîté.

Un soir, après une longue dissertation sur la peinture et la sculpture, sur les arts en général, on était venu à parler musique, et nos deux amis profitèrent de cette occasion pour manifester le désir qu'ils éprouvaient d'entendre Alice sur le piano. Ledit désir exprimé avec adresse sous forme de galanterie, n'était qu'un adroit moyen de s'insinuer dans la maison.

— Tu entends, Alice, ces messieurs demandent que tu leur donnes un petit échantillon de ton modeste talent.

— Volontiers, fit la jeune fille en se levant, et que chacun suivit au petit salon où elle se plaça au piano, après que Louison eut allumé les bougies; puis ses doigts délicats parcoururent le clavier pour faire entendre un ravissant morceau exécuté avec autant de facilité que de précision.

Gilbert, debout derrière la chaise d'Alice, tout en prêtant une oreille attentive admirait avec ravissement la charmante figure de la musicienne dans la glace qui, placée sur le piano, reflétait son charmant visage.

Nous avons dit que c'était le lendemain que notre artiste peintre devait commencer le portrait d'Alice, travail précieux dont l'attente avait empêché Gilbert de fermer l'œil de la nuit; aussi fut-il matinal cet heureux jour et fort exact à se rendre, à l'heure indiquée, auprès de son adorable modèle, qu'il trouva paré et tout disposé, quoiqu'il ne fût encore que la neuvième heure du matin.

Louison assistait seule à cette première séance, tandis que son maître posait de son coté dans l'atelier du statuaire.

Quel doux et précieux avantage pour notre amoureux que celui de pouvoir admirer tout à son aise les traits divins de celle qu'il aime, sans craindre d'effaroucher sa modestie et de faire baisser ses beaux yeux.

Nous ne suivrons pas Gilbert dans son travail de chaque jour, travail qui se prolongea près d'un mois... Un mois pour faire un simple portrait! chacun dira avec juste raison que c'était beaucoup trop long, et cependant le modèle ne s'en plaignit pas.

Nous nous contenterons donc d'apprendre au lecteur que, dès la quatrième séance, et en voyant Louison endormie sur sa chaise, Gilbert, dont les regards jusqu'alors avaient seuls exprimé les tendres sentiments de son cœur, osa risquer quelques paroles d'amour bien tendres et bien timides, dont le doux murmure fit monter le rouge au visage d'Alice ; à la vingtième, Gilbert prosterné aux pieds de son modèle intimidé et tremblant; Gilbert, les larmes dans les yeux, jurait amour éternel, implorait le pardon de son audace, et parlait de mourir s'il n'était aimé. Huit jours encore, et le jeune peintre, le sourire du bonheur aux lèvres, la joie au cœur, baisait avec ivresse une main qu'Alice lui abandonnait.

Le trentième jour le portrait était terminé, et le papa s'écriait avec admiration :

— Dieu! que c'est donc frappant!

— Oui, je suis aimé, sa bouche timide m'en a fait le doux aveu, cher Richard. Mais conçois-tu l'excès de ma joie, de mon bonheur? Être aimé d'Alice, ah! j'en mourrai de joie, s'écriait Gilbert avec feu.

— Mourir, non pas, ce n'est ni l'instant ni le quart d'heure. Vis, heureux coquin, afin de jouir de ton triomphe, de ta gloire, et surtout hâte-toi de devenir le gendre de cette villa, afin de me donner quittance des termes à échoir, répliqua gaîment Richard heureux du bonheur de l'ami dont il pressait la main.

Depuis deux mois durait le bonheur de Gilbert, qui chaque jour voyait Alice, et recevait de cette jolie fille les tendres témoignages d'un amour partagé.

Gilbert, à qui une violente passion avait rendu le courage, inspiré l'ambition de devenir un artiste célèbre, se livrait avec ardeur au travail et faisait de rapides progrès.

Rien n'inspirait mieux notre jeune peintre que la présence d'Alice, lorsque la jolie fille, accompagnée de son père venait le surprendre dans le bois ou sur le coteau, où un bel arbre, quelque gracieux point de vue exerçaient son pinceau et le retenaient une partie de la journée.

Un soir, et comme notre artiste revenait du travail, chargé de son chevalet, de sa toile et de sa boîte, sa surprise fut grande de retrouver Richard assis dans un profond fauteuil, la tête appuyée sur sa main et la mine soucieuse.

— Holà ! qu'as-tu, ami, serais-tu malade ? s'informa vivement Gilbert.

— Non, mais froissé, furieux contre l'espèce humaine que je foudroie de ma malédiction.

— Que t'a donc fait ce pauvre genre humain, pour exciter à ce point ta colère ? interrogea Gilbert en riant.

— Ce qu'il m'a fait ou plutôt ce qu'il nous a fait... Il nous coupe les vivres et nous condamne à périr inhumainement d'inanition.

— Ça, Richard, tu m'assommes, parle plus clairement, s'il te plaît, que je comprenne.

— Ah tu ne comprends pas! ah tu ne saisis pas! Eh bien, réponds : as-tu faim?

— Certes! un appétit d'enfer. Allons dîner, nous causerons en mangeant, répliqua vivement Gilbert.

— Ah! tu as faim, ah! tu veux dîner! apprends donc, malheureux affamé, que notre traiteur devenu impitoyable, sous le fallacieux prétexte que nous sommes arriérés de deux mois de pension, nous refuse la nourriture, le barbare!

— Diable! mais pourquoi aussi ne l'as-tu payé? dit ingénûment Gilbert.

— Pourquoi sommes-nous sans le sou?

— Malheureux! qu'as-tu donc fait de nos deux cents francs?

— J'en ai fait quatre cents, avec lesquels nous avons jusqu'à ce jour joué le fils de famille.

— Ta mère ne t'a donc pas envoyé l'argent de ton mois?

— Très exactement, mais nous aimons la vie large, le champagne, et cela est fort coûteux, répliqua Richard.

— Comment! il faut se passer de dîner? voilà qui est pénible et humiliant, dit Gilbert avec humeur.

— Aujourd'hui cela est chose convenue, répondit Richard d'un ton calme et insouciant.

— Cependant il faut manger pour vivre' et demain...

— Demain nous dînerons deux fois.

— Aurais-tu trouvé, par hasard, le moyen de nous procurer des fonds? interrogea vivement Gilbert.

— Demain je me rends à Paris, où la vente de ce groupe de Silène, que je viens d'achever, remplira notre caisse.

— Emporte encore cette petite toile, que tu porteras chez le juif Moïse, qui t'en remettra le prix convenu...

— Garde ta toile pour un autre moment, l'argent de mon groupe suffira, répliquait Richard, lorsque parut M. Leroux, qui d'un petit ton tout aimable venait sans façon prier les deux jeunes gens à dîner.

— O Providence, merci ! s'écria intérieurement Richard.

Le lendemain, fidèle à sa promesse, Richard, faute d'un franc pour payer sa place au chemin de fer, cheminait pédestrement vers Paris, un refrain joyeux aux lèvres et son groupe de Silène sous le bras. Midi venait de sonner lorsque notre statuaire se présentait hardiment au domicile de Fœdora, femme Veauluisant, après s'être assuré chez le concierge que le mari était absent du logis.

— Comment, c'est vous, Richard ? êtes-vous devenu fou, bête ou ami perfide, pour oser vous présenter ici où mon mari peut rentrer et vous surprendre ? dit Fœdora en reconnaissant le jeune homme qu'une chambrière venait d'introduire auprès d'elle sans l'annoncer.

— Moi-même, chère poulette, que la douleur, l'inquiétude amènent suppliant à vos pieds.

— Holà! de quoi s'agit-il donc, cher ami?

— De prolonger les jours d'un ami mourant, en consentant à me prêter quatre cents francs sur ce groupe, petit chef-d'œuvre d'un grand artiste, lequel groupe est estimé deux mille francs par tous les connaisseurs, disait Richard en débarrassant son œuvre du foulard qui l'enveloppait.

— Tiens, c'est gentil, mais diablement cher, pour un morceau de plâtre, disait Fœdora en regardant le groupe.

— Allons, Fœdora, ma mie, dépêchons,

vite quatre cents francs qui vous seront restitués loyalement, viennent les prunes.

— Mais, pour qui cet argent?

— Quoi, ne vous l'ai-je pas dit? ne vous ai-je pas appris le malheur qui me menace? la position maladive d'un ami près de descendre dans la tombe où dorment ses aïeux?

— Mais encore, quel est cet endolori?

— Gilbert, oui, Gilbert, étendu depuis six semaines sur un lit de douleur; Gilbert pâle, près d'expirer, si votre main bienfaisante, chère et précieuse Fœdora, ne me procure, à l'instant même, l'argent nécessaire pour conduire à son chevet le médecin célèbre et cupide dont la science est seule capable de le rappeler à la vie.

— Gilbert malade, en danger de mort! ce pauvre ami! s'écria Fœdora.

— Quatre cents francs, Fœdora, vite, quatre cents francs, car il n'y a pas un instant à perdre, la mort n'attend pas.

— Cher ami, je voudrais de tout mon cœur vous rendre ce service, mais je n'ai pas d'argent en ce moment.

— Fatalité! pauvre Gilbert! s'écria Richard en feignant le désespoir.

— Comment faire, mon Dieu?

— Des diamants, des bijoux, n'importe quoi, à porter chez ma tante, reprit vivement Richard.

— Au fait, vous avez raison, Richard, reprit l'ex-coloriste, en courant vers une armoire pour en tirer une paire de boucles d'oreilles en brillants, et divers bijoux en or.

— Tenez, Richard, allez battre monnaie avec tout cela... A propos! le pipelet de Gilbert m'a répondu l'autre jour qu'il était à la campagne, où est-ce donc? que j'aille le voir, ce cher ami.

— A Vincennes, ma chérie.

— Alors j'irai pas plus tard que demain.

— J'y serai pour vous recevoir, ange secourable.

— Dites donc, Richard, il faudra avoir soin de me remettre la reconnaissance du Mont-de-Piété, vous n'auriez qu'à l'égarer.

— Certes! demain vous l'aurez, bonne amie.

— Emportez vos bons hommes je n'en

ai que faire, reprit Fœdora en présentant le groupe à Richard.

— Vous l'exigez, soit ! Deux heures plus tard Richard roulait en wagon vers Ville-d'Avray emportant avec lui trois cent soixante francs en pièce d'or.

— Quoi, tu as vendu ton œuvre un pareil prix ! serais-tu devenu un grand artiste sans que nous nous en doutions? s'écriait Gilbert en s'extasiant devant la pile d'or que Richard de retour, faisait briller à ses yeux.

— Oses-tu bien douter de mon talent, jeune incrédule? alors, allons dîner et vider le champagne à ma gloire future! répliqua Richard en entraînant Gilbert par le bras, pour le conduire chez leur traiteur habituel afin de s'y faire servir un fin dîner et de solder leur créance d'un air suprêmement dédaigneux.

Un mois encore durant lequel Gilbert à force d'amour et de prévenance a su s'emparer entièrement du cœur d'Alice et mériter l'estime du papa Leroux, lequel ayant deviné le tendre sentiment qui unissait les deux amants l'un à l'autre ne semblait pas éloigné de faire leur bonheur mutuel par un mariage honorable ; mais hélas! le diable toujours jaloux du bonheur des humains, et qui se plaît à contrarier leurs plus chers désirs, vint tout à coup brouiller les choses et changer en désespoir l'ivresse de l'heureux Gilbert. Un soir et selon leur habitude, Gilbert et Richard se présentent à la villa, où la veille encore ils avaient trouvé gracieux visage; leur surprise fut vraiment grande de n'y trouver que Louison armée contre son ordinaire, d'un visage froid et sévère, laquelle les accueillit par un :

— Monsieur et mademoiselle sont partis en voyage, prononcé d'un ton brusque.

— Comment partis... vous plaisantez sans doute, bonne Louison! dit Gilbert inquiet et troublé.

— Je ne plaisante jamais, monsieur, sachez-le et même voilà ce que mon maître m'a chargé de vous remettre, reprit la vieille en présentant brusquement un papier plié en trois.

— Qu'est-ce que cela? fit Richard.

— Le congé par huissier de l'appartement que vous occupez, répondit Louison.

— Hélas! mon Dieu, que signifie tout

cela? pourquoi ce brusque départ, ce brutal congé? qu'avons-nous fait pour mériter un pareil abandon, cette rigueur extrême? s'écria douloureusement Gilbert dont les yeux s'étaient remplis de larmes.

— Mes maîtres n'ont pas pour habitude de me rendre compte de leurs actions, je ne saurais vous répondre. Voyez donc messieurs, à chercher gîte ailleurs afin de vider, sous six semaines l'appartement que vous habitez. Au revoir, messieurs, bonne chance.

Et là-dessus Louison tourna brusquement les talons aux deux amis sans seulement s'apercevoir que Gilbert désespéré, s'évanouissait dans les bras de Richard.

IV

Un an après.

Il y avait bal dans un riche hôtel de la rue de Londres, Chaussée-d'Antin, bal chez madame de Bréville, veuve d'un ancien et riche banquier et mère d'une jeune et et jolie fille de dix-huit ans, vive et spirituelle, laquelle en sus de tous ses avantages devait apporter à l'heureux mortel, destiné un jour à devenir son mari, une dot d'un million sans compter les espérances qui ne pouvaient s'élever à moins. Aussi mademoiselle Hélène de Bréville douée des avantages de l'esprit, de la beauté et de la fortune, voyait-elle chaque jour à ses genoux, une foule de jeunes prétendants à sa main qui tous luttaient d'efforts, de grâce et d'esprit afin de s'attirer un regard, de mériter un sourire de sa divine personne. Parmi ce monde d'adorateurs, un seul jusqu'alors, semblait avoir obtenu la préférence et devoir l'emporter sur ses nombreux rivaux. Cet heureux mortel était le vicomte Gaston de Rieux, jeune homme à la mode, d'un physique avantageux, se disant orphelin et possesseur d'une fortune de soixante mille livres de rente, ce que semblaient prouver le grand train qu'il menait à Paris, le luxe de sa maison et la beauté de ses chevaux. Le vicomte Gaston de Rieux avait été présenté chez madame de Bréville, par Julian de Langenais son ami d'enfance, âgé d'une trentaine d'années, issu d'une famille riche et de grande noblesse qui habitait la province et lui payait une forte pension qui lui permettait de mener la vie large et brillante à Paris. Tels étaient les propos vrais ou faux qui circulaient tout bas dans la société qui encombrait les salons de la veuve du banquier, femme de trente-sept ans, belle encore et coquette à l'excès. Le bruit courait encore que madame de Bréville qui n'avait pas renoncé à plaire, avait hâte de se débarrasser en la mariant, d'une fille qui était sa rivale en jeunesse et en beauté, dont l'âge accusait le sien et l'empêchait de se rajeunir de quelques années selon l'usage de toute femme coquette et mondaine. Il y avait même des gens qui allaient jusqu'à assurer que la dame avaient jeté ses vues sur le beau Julian de Langenais, afin de mettre un terme à son veuvage, et la chronique scandaleuse osait aller jusqu'à ajouter que ledit prétendu, grâce à la sensibilité de la dame avait depuis longtemps anticipé sur les droits de l'hymen. Le monde est si méchant ! ! La pendule marquait la deuxième heure de la nuit, le bal était dans toute sa beauté, des milliers de bougies dont la flamme se reflétait dans les lambris dorés, un orchestre excellent qui exécutait les plus harmonieux quadrilles, le parfum des femmes et des fleurs portait l'ivresse dans tous les sens, puis les plus riches toilettes, les diamants qui ruisselaient mieux encore un aimable et joyeux entrain, tout enfin concourait à faire de ce bal, un charmant prestige des *Mille et une Nuits*.

Dans un petit salon non loin de celui de la danse, une jeune fille paresseusement penchée sur un large siége soyeux, se reposait un instant des fatigues de la danse ; sa main mignonne et blanche jouait avec une boucle de sa chevelure noire, tout en écoutant, le sourire sur les lèvres, les doux propos d'amour d'un jeune homme placé debout, devant elle, et accoudé sur le marbre d'une cheminée.

— Nous marier en aussi peu de temps,

Gaston, il y aurait peut-être imprudence de ma part d'accomplir un acte aussi sérieux, auparavant d'avoir bien étudié votre caractère et mis dans la balance les bonnes qualités que je me plais à vous reconnaître, et les quelques gros défauts que j'ai devinés en vous.

— Mes défauts, Hélène, je ne crois pas en avoir, fit Gaston en souriant.

— Quelle fatuité! se croire parfait, monsieur, est déjà un très gros péché d'amour-propre.

— Alors, Hélène, si je ne suis pas un être parfait, c'est qu'il me manque votre concours pour atteindre ce degré de vertu; oui, il me faut votre main pour me guider, me protéger contre ma faiblesse, et c'est pourquoi j'ai hâte d'être votre heureux époux.

— Il est donc bien vrai que vous m'aimez, Gaston ?

— A l'adoration !

— Et sans partage ?...

— Quelle question, chère Hélène ? comme s'il était possible, lorsqu'un cœur est plein d'amour pour vous, qu'un autre y trouve la moindre place. Oh ! non ! à vous mon âme, ma vie, mon adoration tout entière, ma bien aimée !

— Tout ce que vous me dites là, Gaston, est terriblement encourageant, et je meurs d'envie de vous croire sincère, de vous laisser libre de fixer le jour de notre mariage.

— Donnez-moi ce droit, Hélène, le seul

auquel j'aspire de toute la force de mon âme. Je vous aime tant!

— Bien sûr, et la main sur le cœur, serez-vous un bon petit mari qui ne fera pas trop enrager sa pauvre esclave?

—Que parlez-vous d'esclave, Hélène? Dites ma reine dont les désirs seront pour moi une loi suprême, une reine que j'adorerais à deux genoux.

— S'il doit en être ainsi, Gaston, il faudrait que je fusse folle ou indigne d'être aimée pour ne pas répondre à vos désirs; aussi votre reine vous autorise-t-elle à vous entendre avec sa très honorée mère, afin d'arrêter le jour de son union avec vous.

— Merci, merci, mon Hélène, vous venez de combler mon vœu le plus cher, s'écria Gaston en tombant aux genoux de la jolie fille pour s'emparer de sa main et la porter à ses lèvres.

— Maman, fit Hélène en voyant entrer sa mère qui la cherchait depuis un instant, je viens d'autoriser Gaston à vous demander quel jour il vous plaira de faire de votre respectueuse fille, Hélène de Bréville, madame la vicomtesse de Rieux.

— Tu cèdes donc enfin aux transports de ce cher Gaston, mon enfant?

— Que veux-tu, chère maman? il me fait de si beaux serments, de si brillantes et douces promesses que je n'ai plus la force de prolonger davantage ce qu'il appelle son martyre.

— Cruelle fille! mais ta détermination va porter le désespoir et la jalousie dans l'âme d'une foule d'adorateurs qui dansent et polkent en ce moment dans ce salon, dit en souriant madame de Bréville.

— Heureusement pour eux que je ne suis pas la seule fille à marier, répliqua Hélène.

— Au nom du ciel, madame, prenez mon impatience en pitié en daignant indiquer l'instant heureux où il me sera permis de vous donner le doux nom de mère, dit Gaston d'un air suppliant.

— Mes enfants, avant de me rendre à vos désirs, il me faut consulter mon notaire; ce n'est qu'après m'être entendue avec lui que nous pourrons arrêter votre mariage. Prenez donc patience, et comptez sur mon empressement à combler vos vœux les plus chers, répondit madame de Bréville.

Deux heures après cet entretien, les salons de madame de Bréville étaient déserts, l'obscurité et le silence avaient succédé au feu des lumières, au bruit des instruments. Le bal était fini. Le jour qui suivit cette fête de nuit et sur le midi, Julian de Langenais descendait d'un élégant tilbury dans la cour d'un petit et élégant hôtel situé rue de la Pépinière. Après avoir lestement gravi les marches du perron, notre élégant jeune homme s'adressant à un petit groom qui se trouvait dans l'antichambre du rez-de-chaussée, lui demanda si son maître était réveillé, et sur la réponse affirmative du valet en herbe, Julian pénétra dans les appartements, traversa plusieurs pièces richement meublées et atteignit la chambre où Gaston était encore au lit, enfoui sous des flots d'édredon, et en train de parcourir un journal.

— C'est toi, Julian ! quoi diable t'amène d'aussi matin un lendemain de bal? interrogea Gaston.

— Tu me le demandes? n'avons-nous pas à causer sérieusement et à nous entendre concernant nos mutuels intérêts.

— Je sais d'avance ce que tu veux me rabâcher, ce sont les deux cent mille francs que je suis convenu de te donner comme droit de courtage sur la dot de ma future, n'est-ce pas? alors, laisse-moi épouser et nous verrons ensuite.

Parbleu, cher, je n'ai garde d'oublier que c'est toi qui m'as présenté chez madame de Bréville, et que c'est à toi que je vais être redevable de ce riche mariage. Ah çà, et toi, quand épouses-tu ma future belle-mère, heureux coquin?

— Quand tu auras fait taire ton caquet, il me sera peut-être permis de t'expliquer le motif de la visite matinale que tu interprètes tout autre qu'il n'est? dit froidement Julian, tout en traînant un siége près du lit pour s'y jeter avec humeur.

— Ah çà! de quoi est-il donc question alors, ta figure rembrunie me produit l'effet du masque d'un traître de mélodrame.

— Il s'agit des lettres de change que nous avons souscrit ensemble au banquier Leroux, s'élevant à la somme de deux cent mille francs.

— Eh bien? fit Gaston avec calme.

— Eh bien! elles sont échues, et Leroux en exige impérieusement le paiement.

— Laisse-le exiger, ce cher homme, si tel est son bon plaisir.

— Parbleu, ainsi que toi je m'en moquerais si ce diable d'homme, à force d'aller, de venir, de fureter et d'interroger n'était aussi bien que nous au courant de nos affaires; mais aujourd'hui il connait nos véritables noms, sait que sous des titres pompeux nous cachons deux vauriens sans sou ni maille, qui ne possédent pour tout avoir que le talent d'intrigue qui nous fait vivre aux dépens des sots.

— Alors, du moment qu'il est instruit de notre débine, il doit considérer nos lettres de change comme acquittées; or, n'en parlons plus.

— Au contraire, parlons-en beaucoup et sérieusement, car il s'agit de trouver le moyen d'empêcher ce créancier de nous fourrer en prison et d'aller nous démasquer aux yeux de madame de Bréville.

— Diable! mais voilà qui devient sérieux!... fit vivement Gaston en se plaçant sur son séant, puis continuant :

— Mais ce maudit homme connaît donc madame de Bréville? demanda-t-il.

— S'il la connaît! trop bien malheureusement pour nous, sa fille est une amie d'Hélène, elles ont été élevées ensemble dans le même pensionnat.

— Corbleu! sambleu! voilà une fâcheuse circonstance..Julian, il faut voir ce Leroux, s'arranger avec lui, gagner du temps à tout prix... allons chez lui.

— C'est inutile, il va venir ici où je lui ai donné rendez-vous.

— Tu as agi adroitement, Julian, ce Leroux est au fond un brave homme tant soit peu gourmand et en le faisant déjeûner et bien boire nous en viendrons peut-être à bout.

— Sentiment qu'il ne m'a guère manifesté après être venu aujourd'hui chez moi et m'éveiller en sonnant dès six heures du matin. A te parler franchement, Gaston, ce maudit homme m'inquiète, j'ai le pressentiment qu'il nous sera funeste si nous n'y mettons ordre.

— S'il était moins vieux je l'attaquerais en duel et le tuerais, s'écria Gaston.

— D'accord, mais avec son âme, nos lettres de change s'envoleraient-elles ?

— Tu as encore raison, car passées en d'autres mains, elles n'en seraient pas moins ce qu'elles sont, deux titres maudits qui menacent notre liberté et notre fortune à venir.

A cet instant le groom se présenta pour annoncer monsieur Leroux qui fut aussitôt et introduit auquel Julian s'empressa d'avancer un siége.

— Ah ça, que vient de me raconter Julian, cher monsieur Leroux, que vous devenez exigeant, implacable même, voilà qui de votre part me surprend à bon droit.

— Mais je crois avoir celui de me fâcher, monsieur Gaston, fit le petit homme non avec ce ton de bonhomie joviale que nous lui connaissions à Ville-d'Avray, un an plutôt, mais d'un air sévère et mécontent.

—Monsieur Leroux, accordez-nous encore deux mois et je vous paie intégralment sur la dot de la femme que je vais épouser, reprit Gaston.

—Messieurs, suis-je un honnête homme? demanda Leroux.

— Nous vous rendons cette justice, monsieur Leroux, répliqua Julian.

—Ai-je profité de votre gêne pour exiger un intérêt usuraire en vous prêtant mon argent.

— Six du cent, intérêt honnête et légal, fit Gaston.

— Lorsque je vous rendis ce service, messieurs. je vous ai dit ceci : Cet argent est tout ce qui me reste d'une fortune dont l'indélicatesse des hommes m'a privé, ces deux cent mille francs sont le pain de ma vieillesse et la dot de ma fille bien aimée, je vous les confie parce que je vous crois d'honnêtes gens; telle était ma conviction alors. Comment, messieurs, avez-vous répondu à ma confiance, non-seulement en ne faisant pas honneur à vos signatures, mais encore en refusant de me payer l'intérêt de la somme et cela depuis dix mois. Aujourd'hui, messieurs, je sais ce que vous êtes, ce dont vous êtes capables et je frémis en pensant que le résultat de ma trop grande confiance sera pour moi la mort dans un hôpital, pour mon enfant le travail de chaque jour et la misère.

— Holà ! comme vous y allez, brave homme; ça, décidément vous nous prenez pour des fripons, s'écria Julian.

— Messieurs, donnez-moi la preuve du contraire en me payant.

— Dans deux mois, c'est chose convenue, mon cher monsieur.

— Dans deux mois vous serez marié et ne me crainderez plus, car alors une imprudente mère, victime de vos fourberies, aura fait le malheur de son enfant et causé sa ruine en vous la donnant pour femme. C'est donc aujourd'hui même qu'il me faut donner de l'argent ou de bonnes garanties qui me répondent de la somme entière, autrement, messieurs, j'arrache sans pitié le voile hypocrite qui vous cache aux yeux de madame de Bréville.

— Vous ne ferez pas cela, malheureux ! vous n'oseriez !

— Je le ferai, car je ne veux pas que mon Alice soit dans la misère sans avoir puni les auteurs de sa ruine.

— Mais le seul auteur de son infortune, ce sera vous qui en refusant de nous accorder un court délai préférez par un fol entêtement ruiner à jamais votre fille en nous ravissant l'unique moyen qui nous reste de nous acquitter envers vous, répondit Gaston avec colère.

— Encore une fois des garanties et je consens à attendre votre mariage.

— Eh bien! cet hôtel qui m'a coûté deux cent trente mille francs, vous suffit-il? demanda Gaston.

— Non ce n'est pas suffisant car vous devez encore cent vingt mille francs sur le prix d'acquisition, répliqua sèchement Leroux.

— Enfin, c'est toujours une garantie de cent mille francs et plus, la valeur des immeubles ayant monté d'un tiers depuis que j'ai acheté celui-ci, observa Gaston.

— Soit, mais il reste encore cent mille à couvrir, dit Leroux.

— Une ferme et ses dépendances situées sur les bords de la Marne, à douze kilomètres de Paris, propriété de plus de trois cent mille francs, serait je pense, une assez belle et sûre garantie; qu'en pensez-vous, monsieur Leroux?

— Cette propriété, à qui appartient-elle? Non à vous, je pense?

— A un mien ami qui ne me refusera pas de vous laisser prendre inscription sur ce bien libre de tout hypothèque, dit Julian.

— Je ne puis rien vous répondre avant d'avoir visité cette propriété et examiné les titres.

— Bien entendu, mon cher monsieur, et si vous tenez absolument à terminer notre arrangement aujourd'hui même avant de nous être séparés, rendons-nous à l'instant à Port-Créteil où se trouve située ladite ferme. Gaston a d'excellents chevaux qui nous y conduiront et nous ramèneront avant la nuit... qu'en dites-vous?

Le créancier indécis resta un instant sans répondre, la tête appuyée dans sa main; puis en se levant vivement de son siége :

— Partons, dit-il.

— Soit! mais pas avant d'avoir déjeûner, ce que vous ne pouvez nous refuser, mon cher monsieur Leroux, dit Gaston tout en se jetant en bas du lit.

— Déjeûnez, messieurs, j'attendrai, répondit Leroux en se rasseyant.

— C'est-à-dire que vous consentirez à en faire de même avec nous? demanda Julian.

— Non, monsieur, ayant déjeûné ce matin chez moi avant de sortir, je ne vous remercie pas moins de votre politesse, mais comme la journée s'avance, qu'il est près de deux heures, si vous désirez d'en terminer aujourd'hui, je vous engagerais à ne pas perdre le temps.

— Gaston, monsieur Leroux parle sagement, si tu m'en crois, nous déjeûnerons à la ferme de Créteil, tandis que notre cher créancier la visitera, dit Julian en accompagnant ces paroles d'un coup d'œil que devina Gaston qui s'empressa de se ranger de cet avis et de donner l'ordre d'atteler à la calèche deux de ses meilleurs chevaux.

Une heure après, ladite calèche sortait avec fracas de l'hôtel, et roulait vers la barrière de Charenton.

Il était quatre heures et demie lorsque nos trois voyageurs mirent pied à terre dans la cour de la ferme, où ils furent reçus par le fermier en personne, espèce de rustre à l'air niais.

— Ton maître est-il à la ferme, Baptiste ? demanda Julian.

— Mosieu étions sorti pour l'instant, mais ils devont rentrer à six heures précises.

— Très bien ! nous l'attendrons et dînerons avec lui. Donne des ordres pour que le dîner soit digne des amis de ton maître ; et nous, pendant ce temps, visitons la propriété, dit Julian en s'adressant à Leroux qui, sans attendre l'invitation, avait déjà dirigé un regard appréciateur sur les bâtiments qui entouraient la cour, où ils se trouvaient réunis tous les trois. Près d'une heure employée à visiter les granges, les étables, la basse-cour et autres dépendances de la ferme, puis ensuite la maison du maître, élégant pavillon à l'italienne situé au milieu d'un vaste jardin.

— Eh bien! comment trouvez-vous tout cela, mon cher monsieur Leroux ? interrogea Julian.

— Bien, très bien! et surtout en très bon état, répondit le père d'Alice, d'un air très satisfait.

— Maintenant il ne nous reste plus qu'à donner un coup d'œil aux champs, au petit bois, garenne très giboyeuse, et surtout à l'étang, ancienne marnière escarpée, profonde et très empoissonnée.

— Un moment, mon cher monsieur Julian, mais avant de pousser plus loin notre visite, êtes-vous bien convaincu que le propriétaire de ce beau domaine consentira bénévolement à l'hypothéquer en votre faveur pour une somme aussi considérable, demanda Leroux en retenant Julian par le bras.

— Certes, parce que plus confiant que vous et connaissant le chiffre énorme de la dot qu'apporte en mariage mademoiselle Hélène de Bréville à mon ami Gaston, il se gardera fort de nous humilier par un refus, surtout tenant trop à mon amitié pour me faire une pareille insulte.

— Alors, tant mieux pour vous et pour moi, messieurs. Maintenant, voyons les terres vivement, car nous sommes en octobre, et la nuit vient de bonne heure, répliqua le petit homme tout en passant devant pour ouvrir la marche.

Une longue, très longue promenade à travers les plaines, les prés, autour d'un bois dont la brune doublait l'obscurité.

— En voilà bien assez, messieurs, et la nuit qui s'avance nous invite à regagner vivement la ferme, observa Leroux.

— Nous n'en sommes qu'à très peu de distance, mon cher monsieur, surtout en suivant ce petit sentier qui longe la marnière, nous n'en avons pas pour plus de huit à dix minutes, répondit Julian.

Tous trois marchaient à la file l'un de l'autre dans un sentier bordé d'un côté par le petit bois, et de l'autre par la berge escarpée et à pic de la marnière, Gaston marchait devant, silencieux et pensif, cherchant à deviner à quelle intention Julian les avait conduis à cette ferme dont il connaissait à peine le propriétaire. Leroux marchait en second, et Julian le dernier. Il faisait presque noir, et le sentier défoncé en certains endroits, en s'inclinant vers la marnière, devenait fort dangereux.

— Quel diable de chemin nous as-tu fait prendre, et pourquoi? disait Gaston en ralentissant sa marche et tout en sondant le terrain.

— Tu demandes pourquoi? eh bien! pour cela, répliqua Julian en envoyant par une brusque secousse le pauvre Leroux rouler et tomber dans la marnière.

Gaston poussa un cri d'effroi ;

— Tais-toi! je vais le repêcher. Ne devines-tu pas que je viens d'acquitter nos deux cent mille francs?

Cela dit et s'éloignant tranquillement de Gaston demeuré tremblant et stupéfait, Julian, par une pente douce, descend jusqu'à l'eau, ôte son habit et fait un plongeon. Quelques secondes de recherches et le misérable reparait tirant à lui le corps inanimé du père d'Alice qu'il dépose sur l'herbe pour s'empresser ensuite de fouiller dans ses poches et d'en tirer un portefeuille qu'il ouvre vivement pour prendre les papiers qu'il renferme et parmi lesquels sont les deux lettres de change, dont il s'empare, pour ensuite remettre le portefeuille dans la même poche d'où il venait de le sortir.

— Nous sommes quittes avec le cher

homme, disait Julian, en mettant en pièces les deux papiers.

— Oui, mais, espères-tu l'être envers la justice ?

— La justice n'a rien à démêler où il n'y a ni crime, ni coupable. Est-ce de notre faute si ce bonhomme s'est bêtement laissé choir dans cette eau ? disait froidement Julian à Gaston, de qui le regard effrayé se tenait rivé sur le cadavre.

— Es-tu bien certain qu'il soit mort ? interrogea ce dernier.

— Sans rémission, répliqua Julian en train de plonger son habit dans l'eau.

— A quoi bon ce que tu fais là ?

— Ceci prouvera l'empressement que j'ai mis à voler au secours du cher homme, sans seulement prendre le temps de mettre habit bas... A propos, il est nécessaire que tu te mouilles tant soit peu, au risque de t'enrhumer... allons, jusqu'à la ceinture. Avec deux cent mille francs on a de quoi se régaler de jujube... Très bien! maintenant, prend les jambes, moi la tête, et cinglons vers la ferme, et faisons bonne contenance tout en jouant le désespoir.

A peine Julian et Gaston eurent-ils fait cinq cents pas, qu'ils avisèrent au loin un paysan qui revenait de son travail, et que Julian s'empressa d'appeler d'une voix lamentable :

— L'ami, aidez-nous de grâce à porter à cette ferme que vous voyez là-bas, le corps de notre cher ami, qu'une chute funeste a précipité dans cette affreuse marnière, d'où, malgré tous nos efforts, il nous a été impossible de le retirer vivant; ainsi disait Julian au paysan accouru à sa voix.

— C'brave homme n'est peut-être ben qu'asphyxié ! observa le nouveau venu en examinant le cadavre attentivement.

— Vous pensez ? fit Gaston avec effroi.

— Hélas ! j'ai grand'peur, moi, qu'il n'y ait plus de ressource ! un si bon ami ! un si bon père ! mon Dieu ! mon Dieu ! quel coup terrible ! quel affreux accident pour sa pauvre fille, et comment lui apprendre un pareil malheur ?

Ainsi se désolait Julian tandis que Gaston marchait triste et silencieux à ses côtés. Tous deux avaient abandonné le cadavre au paysan qui, dans l'espoir d'une récompense, en avait accepté la charge à lui seul. On arriva à la ferme, où les plaintes, les bruyants soupirs du meurtrier attirèrent tous les serviteurs dans la cour.

— Vite, un médecin, du secours ! De l'or à celui qui nous rendra notre meilleur ami ! s'écriait Julian en feignant de s'arracher les cheveux et en se frappant le front.

— Horrible gouffre ! engloutir ainsi le meilleur des hommes ! Maudit voyage ! maudite marnière ! disait Gaston de son côté.

— Cet homme a entièrement cessé de vivre, prononçait un quart d'heure plus tard l'homme de l'art appelé au secours du malheureux Leroux.

— Messieurs, quoique not' maître nous ait envoyé un exprès pour prévenir qu'il ne rentrerait que fort tard dans la soirée, le dîner que vous avez demandé tantôt ne vous attend pas moins, dit le fermier aux deux amis.

— Merci, merci, mon brave, mais mon ami et moi, après le malheur qui vient de nous arriver, ne nous sentons le courage ni l'appétit nécessaires pour y faire honneur, répliqua Gaston en plaçant une pièce d'or dans la main du fermier.

Les pauvres jeunes gens sont-y désespérés; vrai, ça fait peine à voir, fit le fermier en se tournant vers les serviteurs de la ferme tous rassemblés à cet instant.

— Pierre, fit Julian en s'adressant audit fermier, vous direz à votre maître que le but de notre visite était de lui présenter un acquéreur de sa propriété, en la personne de ce cher défunt.

— Je n'y manquerons pas, mosieu, répliqua l'auditeur.

Neuf heures sonnèrent quand, après avoir fait et signé leur déposition, en présence des autorités appelées sur les lieux, Julian et Gaston rentrèrent dans Paris, puis ensuite à l'hôtel de la rue de la Pépinière, où Julian agissant comme chez lui, donna ordre de servir à dîner le plus vivement possible.

— Est-ce que tu as faim ? est-ce que tu te sens le courage de boire et de manger ? interrogea Gaston qui, en rentrant chez lui, s'était laissé tomber anéanti dans un fauteuil.

— Tu vas en juger dans un instant, cher ami ; jamais je ne me sens plus en appétit que le jour où j'ai fait une bonne affaire, et certes, celui-ci est du nombre. Deux cent mille francs d'acquittés, nos secrets morts avec celui qui les possédait et voulait nous trahir; mieux encore, nos mariages assurés et un million dans la poche de chacun de nous... Dis-moi, maintenant, poule mouillée, si tu comptes souvent de pareilles aubaines ?... Mais en parlant de poule mouillée, je sens que ces habits mal séchés à l'âtre de la ferme, me donnent le frisson, fais-m'en donner d'autres, j'ai hâte d'en changer.

— Ouvre cette garde-robe et choisis, répliqua Gaston.

— Sortirons-nous, après le dîner ? demanda Julian.

— Je ne m'en sens ni l'envie, ni la force.

— Çà ! Gaston, tu deviens stupide !

— Que veux-tu ? j'ai peur, c'est plus fort que moi.

— Peur de quoi ? nigaud !

— Qu'on ne découvre que tu es l'assassin, et moi le complice !

— Tu es fou ! réfléchis donc, peureux, qu'il n'existe aucune preuve, que l'accident est arrivé tout naturellement et causé par l'inégalité, le mauvais état du chemin ; qu'il faisait sombre alors et qu'une chute était facile. Ensuite, ne me suis-je pas courageusement dévoué en me jetant à l'eau tout habillé pour secourir ce cher Leroux ? Est-ce de ma faute si, aveuglé par cette eau vaseuse, il m'a fallu du temps pour repêcher ce malheureux, et si ce temps a suffi pour l'asphyxier... ensuite ce soir, à la ferme, n'as-tu pas entendu de tes propres oreilles, les félicitations que m'adressaient, le maire et le juge de paix, sur mon dévoûment, mon empressement à me précipiter dans cette marnière au péril de ma vie? D'après cela, qui donc pourrait concevoir des doutes, et oserait nous accuser? Va, crois-moi, ami, le secret est à nous, il ne nous reste plus qu'à profiter du succès, à jouir de notre audacieuse victoire contre un implacable créancier qui ne menaçait rien moins que de ruiner nos plus chères espérances, et de nous ravir la liberté.

— Je crois en effet que j'ai tort de m'alarmer... oui, tes paroles me rassurent! Au diable les remords et la peur! A nous la fortune, ami Julian! à nous les joies de ce monde! s'écria gaîment Gaston.

— Très bien! te voilà tel que je te désirais!

vrai, tu me faisais pitié avec ta figure d'enterrement !

— A propos, reprit Gaston, voilà la petite Leroux ruinée de fond en comble...

— Bah ! elle est jeune et jolie, avec de semblables avantages, une fille de tact et d'esprit n'est jamais pauvre. D'ailleurs j'ai conçu le projet d'en faire ma maîtresse.

— Tu ne ferais pas mal ; tu lui dois au moins cette consolation que je me chargerais volontiers de lui prodiguer, si je n'étais si près d'épouser Hélène.

— Cela ne serait ni sage, ni prudent de ta part. Bon pour moi qui, futur époux d'une femme mûre et respectable, ai besoin de m'étourdir dans les bras d'une jeune beauté.

— Au fait, il faut en toute chose une compensation, répliqua Gaston.

— Dis-donc, nous vois-tu tous deux en ménage? quelle moralité! Et que dirons nos amis?

— En nous voyant libres... quand même, millionnaires et menant la vie luxueuse et folle, ils envieront notre sort, répliqua Gaston.

— Combien te faudra-t-il de temps pour manger la dot de ta femme?

— Dame! de trois à quatre ans, c'est honnête, n'est-ce pas? Et toi, pour ruiner mon honorée belle-mère?

— Plus de temps que toi pour ruiner ma belle-fille... madame de Bréville, ayant la prétention de rester libre et maîtresse de son bien.

— Diable ! heureusement que l'amour sera là pour l'inviter à délier les cordons de sa bourse, surtout rien n'étant plus facile à mener qu'une vieille femme coquette et passionnée.

L'entretien en était à ce point lorsque le groom se présenta pour prévenir ces messieurs qu'ils étaient servis.

— Allons, cher Gaston, à table ! et que tes vins exquis réchauffent mes membres glacés, s'écria Julian tout frissonnant. C'est bizarre, l'appétit me manque et je me sens tout mal à l'aise... Décidément, ce diable de bain froid m'a été contraire, reprit-il en pâlisssant et laissant tomber sa fourchette sur son assiette.

— Que te prend-il ? s'écria Gaston en se

levant spontanément pour recevoir Julian qui perdait connaissance dans ses bras.

Dieu châtiait déjà cet homme, car en lui se déclarait une douloureuse et incurable maladie.

V

Un bal chez des artistes.

Il y avait un soir fête fastueuse et artistique chez deux jeunes gens, l'un peintre, et l'autre statuaire, dont le domicile, situé dans l'hémicycle de la barrière Pigale, quartier Saint-Georges, se composait d'une petite maison élevée d'un étage, ornée à l'extérieur de sculptures d'un style élégant, et que précédait un gracieux parterre de fleurs et d'arbustes, fermée sur la rue par une grille de fer d'un genre gothique et contourné. Le mobilier qui garnissait cette demeure, quoique se composant d'une foule de meubles de formes variées, n'annonçait pas moins le bon goût et une certaine aisance. Le salon du rez-de-chaussée offrait surtout à l'œil un bizarre assemblage d'objets rares et curieux : c'étaient des bahuts en chêne sculptés, des siéges remontant à Dagobert, des statuettes et des peintures d'un âge reculé, et les murailles tapissées d'armes orientales, richement damasquinées, à côté de l'arc, des flèches et du bouclier du sauvage des deux Amériques.

Au moment où pour la première fois nous pénétrons dans ce sanctuaire des arts, situé dans un quartier aux mœurs, aux habitudes, aux allures distinctes, le salon dont nous venons d'esquisser l'aspect, était illuminé par un grand nombre de bougies qui éclairaient de leurs feux, une immense étagère surchargée de bouteilles, de flaçons, de viandes froides et de pâtisseries ; tout cela flanqué de deux trépieds romains supportant, l'un un vase dans lequel et à l'instar du feu éternel des Vestales, brûlait sans interruption un punch monstre aux flammes multicolores ; tandis que dans l'autre se dandinait un bischoff au vin blanc, constellé de tranches de citron. Tel était l'aspect de ce raout fantastique, excentrique, animé par une jeunesse folle, rieuse et caustique. La soirée avait commencé de bonne heure, car les invités ne se sont pas faits attendre. Le commissionnaire habituel des maîtres de la maison, faisant fonctions de valet de pied et planté dans l'antichambre, avait été chargé d'annoncer et d'introduire les arrivants, en les désignant sous leurs noms, tel que : M. et madame de Saint-Anasthase, étudiant en droit ; M. et madame Ernest, sculpteur ; M. et madame Auguste, peintre de genre ; M. et madame Saint-Ange, architecte ; M. et madame Emile, courtier de bourse; madame Athénaïs Oriska, de la Gaudeloupe ; Flora, Armanda, etc., etc. Tous les messieurs en paletot sac, la plupart coiffés d'un chapeau gris siècle Louis XIII; les dames coiffées d'un bibi et en robes de soie ou autres

étoffes de couleurs variées. Le buffet a
d'abord été attaqué avec un dévorant appétit, ensuite ces messieurs et ces dames
ont allumé leurs pipes ou leurs cigares;
puis, après une heure de ces exercices,
a commencé la danse, non pas cette danse
de nos salons, danse raide et busquée,
raide comme un petit marquis du dernier
siècle, ou un parvenu de celui-ci, mais la
danse vive, folle, délirante, emportée,
pleine de verve et d'entrain, avec ses figures
tant soit peu décolletées, ses poses ris-
quées, dans lesquelles se révélait le talent
de l'improvisateur.

Une heure du matin venait de tinter, les
cris d'une joie bruyante couvraient l'harmonie de l'orchestre composé d'amateurs
conviés à la fête, non en qualité de gagis-

tes, mais d'amis de la maison, tous musiciens de hasard, jouant faux à faire saigner les oreilles. Donc, il était une heure, comme nous l'avons déjà dit, lorsque le bruit d'une voiture qui s'arrêtait devant la grille, attira plusieurs curieux aux fenêtres du salon.

— Qui nous arrive à pareille heure, lorsque le buffet est à sec, et que nous sommes au grand complet? demandait un des maîtres de la maison, tout en regardant descendre de la voiture un gros et court monsieur, puis ensuite une femme svelte et d'une mise élégante.

— Dieu me damne! je crois que c'est Fœdora et son gros loulou de mari!

— Tu crois, Richard? Tu les as donc invités?

— C'est possible, par mégarde j'aurai mis leur nom sur une lettre d'invitation qui leur sera parvenue.

— Eh bien, allons les recevoir avec tout le cérémonial du bon ton, répliqua Gilbert en s'armant d'un candélabre à six bougies, pour ensuite quitter le salon et aller lui-même à la rencontre de M. et de madame Veauluisant.

— Silence ! affreux tapageurs ! puis, écoutez ceci, cria Richard monté sur une chaise et arrêtant par ces paroles un galop échevelé.

— Nous écoutons ! fit la société entière.

— Silence ! la clarinette, le cri du canard étant intempestif en ce moment, puis écoutez, écoutez : amis et amies, il nous arrive à l'instant un aimable surcroît de société en la personne d'un propriétaire callé, et de madame son épouse, jeune et fringante beauté...

— A la lanterne, le propriétaire! fit le cornet à piston.

— Non, pas celui-là dont je demande la grâce en faveur de sa jolie femme ; quant aux autres, je les abandonne tous à vos bras vengeurs. Or, ladite allocution que je je désire vous adresser est ceci : Vous êtes tous de charmants vauriens qui mésusez de l'hospitalité que vous donne l'amitié, pour tout bouleverser ici! N'importe, les opinions sont libres, et quiconque y trouverait à redire ne serait qu'un paltoquet. Seulement, amis et amies, en faveur des personnages importants qui vont apparaître à vos regards enchantés, je vous prie, je vous

somme même au besoin de réduire votre
désinvolture en un plus petit format, de
ne pas piailler aussi fort que vous l'avez
fait jusqu'alors, et surtout de ne point vous
jeter avec trop d'avidité sur le supplément
de comestibles que la politesse, en faveur
de ces nouveaux venus, nous contraint
d'ajouter au festival. Enfin, messieurs et
mesdames, faites en sorte de faire preuve
de votre savoir-vivre, de l'excellente éducation dont vous êtes pourvus, et de cette
galanterie française qui vous fait le premier
peuple de l'univers. C'est dit, en avant la
musique !

Richard quitta de la tribune improvisée,
l'orchestre recommença son charivari in-
fernal, en joignant au bruit des instruments
celui des casseroles, et le galop se conti-

nua plus bruyant et plus désordonné que jamais. La porte du salon s'ouvrit à deux battants, le valet improvisé se présenta, portant cette fois le candélabre; Gilbert vint ensuite, conduisant cérémonieusement Fœdora par la main; tous deux suivis de Veauluisant, le cou enfoncé jusqu'aux oreilles, dans une énorme cravate blanche, et revêtu d'un habit noir et pantalon collant :

— M. et madame de Veauluisant, cria le valet d'une voix de stentor, afin de dominer l'affreux bacchanale qui régnait à ce moment.

Fœdora apparaît souriante, car du premier coup d'œil elle a reconnu dans l'honorable société ses anciens amis et amies du Prado, de la grande Chaumière et de la Closerie des Lilas. Veauluisant persuadé, d'après ce que lui a dit sa femme, qu'il pénètre dans le sanctuaire des arts et compte autant d'illustres lauréats qu'il y a de personnages devant les yeux, décochait ses sourires les plus aimables et s'inclinait profondément lorsque deux polkeurs s'avisèrent de le heurter en passant et de lui enlever sa perruque qu'un bouton venait d'accrocher et d'emporter au milieu de la foule. Gilbert, témoin de l'accident, s'empresse de décrocher un bonnet de sauvage orné de plumes de perroquet, pour en couvrir subitement le chef pelé de Veauluisant et de courir ensuite après la diable de perruque qui déjà avait fait trois fois le tour du salon. Veauluisant, que cette mésaventure a d'abord contrarié, ne peut résister aux gracieuses excuses que lui adresse le propriétaire du coupable bouton ; il sourit, puis conduit au buffet, accepte le verre de punch que lui offre Richard.

— Maintenant, un second verre et même un troisième, cher monsieur, car vous arrivez de sangfroid au milieu d'une assemblée de gens échauffés par l'ivresse du champagne et de la danse ; il est donc nécessaire de mettre vivement votre raison au même diapason, sous peine de vous trouver déplacé au milieu de leur aimable et turbulente gaîté. En disant ainsi, Richard remplissait à plein bord le verre du mari de Fœdora.

— N'ayez aucune crainte, cher monsieur, je suis trop honoré de me trouver au milieu d'un cercle d'artistes distingués pour trouver à redire à leur conduite ; d'ailleurs, je suis moi-même un ami de la joie, des dames, de la danse. Oh! j'ai fait les miennes aussi, j'étais même on ne peut plus folichon autrefois ; aussi, combien de larmes, de soupirs n'ai-je pas causé à la beauté! fit Veauluisant d'un petit air fat et régence.

— Je n'ai pas de peine à vous croire, vous avez dû être un si bel homme, reprit Richard.

— Un petit blond agréable, aux couleurs vermeilles, voilà tout pour le physique; quant au cœur, j'étais un volcan irrésistible.

— Et la preuve de vos triomphes de jeunesse est que, même frisant l'âge mûr, vous avez su faire la conquête de votre charmante épouse, une des plus jolies et gracieuses femmes de Paris.

— Oui, mon cher ami, le ciel, au lieu de punir mes fredaines de jeunesse, a daigné me donner la vertu, la constance et la beauté pour compagne en ma Fœdora bien aimée.

— Loulou, je vais danser, veux-tu ? s'en vint dire Fœdora d'un petit ton mignard.

— Danse, ma divinité, amuse-toi, répondit le bon in mari auquel Richard ne cessait de verser le punch.

— Pardon, mon jeune ami, mais ma femme et moi, n'ayant pas l'avantage d'être connus de vous, je désirerais savoir comment il se fait que vous nous avez adressé une invitation aussi flatteuse ?

— Mon cher monsieur Veauluisant, vous êtes dans l'erreur en pensant que vous nous étiez inconnu; Gilbert et moi avons long temps habité votre quartier, où sans cesse venait bourdonner à nos oreilles le bruit de votre mérite; et lorsque nous entendions sortir votre éloge de chaque bouche, nous nous disions, Gilbert et moi : Mon Dieu, quand serons-nous donc quelque chose, des artistes hors ligne, pour pouvoir lier connaissance avec cet estimable monsieur Veauluisant ? Puis, le sort ayant couronné nos vœux, nous voyant aujourd'hui dans une position aisée et jouissant de quelque célébrité acquise par notre travail, nous nous sommes empressés de satisfaire notre plus cher désir en vous adressant une invitation que vous avez eu l'extrême indulgence d'accepter.

— Comment donc, mais avec une grande satisfaction, mon cher monsieur Richard. Ah ! si vous aviez été comme moi, témoin de la joie, de l'ivresse de Fœdora à la lecture de votre lettre, vous eussiez été enchanté; jamais invitation ne lui fit plus de plaisir. Fœdora, voyez-vous, est folle des artistes... A propos, il faudra que vous me sculptiez cette chère âme de ma vie.

— Quand il vous plaira, je serai tout à votre service, repliqua Richard.

— Je prierais même votre ami Gilbert de faire mon portrait, il y a longtemps que j'ai envie de me faire peindre en uniforme de caporal de la garde nationale, grade que j'ai exercé avec honneur l'espace de vingt années.

— Soit, mon ami Gilbert sera enchanté de retracer les traits d'un brave défenseur de la patrie... A notre bonne santé, mon cher Veauluisant, termina Richard en versant au gros homme un huitième verre de punch.

— Loulou, je m'amuse beaucoup, fit Fœdora entrain de galoper avec Gilbert, en passant devant son mari.

Après avoir vidé son verre, Veauluisant mis en humeur joyeuse et folichonne, grâce à la quantité de liquide que lui avait ingurgité Richard, s'en fut inviter une dame pour le premier quadrille.

Tandis que son mari bondissait et faisait ses ronds de jambes, Fœdora avait entraîné Richard dans une petite pièce voisine, et là, lui avait adressé la question suivante :

— Pouvez-vous me dire d'où vous et Gilbert sortez depuis dix-huit mois que je ne vous ai vu ni reçu de vos nouvelles? Pourquoi encore m'avez-vous fait mystère de votre demeure depuis votre disparition du quartier ?

— Chère amie, répondez d'abord à cette demande : avez-vous reçu les bijoux que vous eûtes la bonté de me confier en un moment de souffrance et de débine ? demanda Richard.

— Au grand complet, il y a de cela huit mois. Maintenant, répondez à ma question première.

— Chère amie, Gilbert et moi nous avons voyagé, parcouru le monde et les climats divers.

— Ah! et depuis combien de temps êtes-vous de retour à Paris ?

— Neuf mois, répliqua Richard.

— Vous mentez, Richard, et je gagerais tout au monde que vous n'avez pas quitté

Paris, si ce n'est l'espace de deux mois au plus que vous êtes allé habiter la banlieue, je ne sais de quel côté; avouez donc, Richard, que de nouvelles amours ont éloigné Gilbert de moi; et que pour s'y livrer sans contrainte, que l'infidèle a quitté sournoisement sa chambre de la rue du Pot-de-Fer.

— Erreur de votre part, Fœdora. Gilbert et moi, nous éveillant un matin avec le feu sacré dans les veines, le démon de l'art dans tout le corps, le désir du travail, le dégoût de la misère, et révoltés contre la sombre fatalité qui nous poursuivait, nous nous sommes écrié d'un commun accord : A l'ouvrage et sans relâche, jusqu'à ce que gloire et fortune s'en suivent. Ce parti pris, mais pris irrévocablement, voulant renoncer à tous les plaisirs, résister à toutes les tentations féminines et autres, nous nous sommes retirés du monde, ne comptant y rentrer qu'après avoir acquis le talent nécessaire pour y faire fortune et honnête figure.

— Et vous avez tenu ce serment, acquis ce talent ainsi que la fortune convoitée par vous? reprit Fœdora.

— Tenu parole, oui! acquis le talent, chacun en convient; quant à la fortune, elle est en bon train, car l'ouvrage nous abonde de tous côtés, ce qui nous a engagé à louer et à meubler cette maison.

— Fort bien! Alors, heureux et satisfait, vous vous êtes souvenu de moi, puisque vous m'avez conviée à votre fête de cette nuit?

— Oui, chère Fœdora, je vous ai appelée comme une divinité consolante, un antidote contre les humeurs sombres, ce qu'on appelle vulgairement spleen, infirmité maussade de laquelle est atteint notre pauvre Gilbert depuis fort longtemps, et que je m'efforce vainement de combattre; alors je me suis dit : Il n'est que cette chère Fœdora qui, par sa beauté, son caractère enjoué, son amour et ses douces, suaves, enivrantes caresses, soit capable de guérir notre ami commun, et je vous ai appelée à mon secours, Fœdora.

— Voilà qui est beau, mais quoi vous prouve que je consente à opérer cette cure ? que froissée de l'abandon, de l'oubli de Gilbert, je l'aime encore?

— Tout, chère petite; d'abord la joie que

vous avez manifestée en recevant notre invitation; votre empressement à vous y rendre, puis ensuite l'impossibilité d'effacer de son cœur un amant comme Gilbert, que vous aimez encore et aimerez toujours. Or, chère ange, continua Richard avec empressement, il s'agit de venir ici souvent, très souvent, afin de distraire notre hypocondre et de le forcer de reprendre sa gaîté d'autrefois.

— Admettons que j'y consente; que pensera mon cher mari d'une pareille conduite, de ces absences de tous les jours?

— Que vous venez ici poser pour votre statuette qu'il vient de me commander.

— En vérité! le cher homme, quelle confiance! fit Fœdora en riant.

— Peut-on entrer? demanda une voix flûtée.

— Oui, la porte est ouverte, répliqua Richard.

— Ah! vous étiez entrain de causer, dit en entrant Veauluisant dont la chaleur avait empourpré le visage ni plus ni moins qu'une grenade.

— En effet, je parlais à madame de sa statuette... Décidément, c'est en Diane chasseresse que vous désirez être représentée?

— Cela ne sera pas mal, je pense, et je m'arrête à ce costume, répliqua Fœdora à Richard.

— Tu fais bien, mon amie, d'autant mieux que cette déesse est l'emblème de la chasteté, et que sous ce rapport tu lui ressembles en tout point; quant à moi, ma bichette, il est convenu que c'est sous le belliqueux uniforme de caporal de la garde citoyenne que je serai représenté dans le portrait que je destine à orner ton boudoir. Qu'en dis-tu?...

— Ce sera charmant, cher loulou, et que je vais danser, répliqua Fœdora en s'éloignant pour rentrer au salon y chercher Gilbert dans la foule et passer son bras sous le sien.

— Ah! c'est vous, Fœdora! dit le jeune homme avec un sourire mélancolique.

— Oui, moi qui t'aime toujours, à qui mon cœur n'a cessé d'être fidèle malgré ton inconstance et ton abandon, murmura doucement la jeune femme en pressant avec tendresse le bras de Gilbert.

— Mon inconstance, dites-vous?...

— Hélas! me feras-tu accroire que ce ne fut pas pour en aimer une autre que tu m'as oubliée?

— Quelle pensée! fit Gilbert.

— Gilbert, j'ai causé avec Richard... voyons, dis-moi pourquoi, toi si gai, si insouciant jadis, tu es devenu sombre et chagrin?

— Je ne suis ni l'un ni l'autre, et la preuve c'est que je donne un bal où je bois, où je danse.

— Pour t'étourdir peut-être, pour oublier, cela est certain.

— Oblier quoi?

— Sans doute une femme que tu as aimée, un amour malheureux...

— En vérité, Fœdora, vous forgez là de

singulières suppositions, et plutôt que de me tourmenter par vos insidieuses questions, et moi de les écouter, nous ferions mieux de nous mêler à ce joyeux quadrille qui va commencer.

— Gilbert, tu ne m'aimes plus! dit Fœdora d'un accent où perçait l'émotion.

— Tu te trompes, Fœdora, mon cœur ne peut être ingrat envers celle qui fut toujours ma meilleure amie.

— Ce que tu dis là me fait du bien. Allons danser, Gilbert, répondit l'ex-coloriste en entraînant le jeune homme pour aller prendre place au quadrille, tandis que son mari en faisait autant après avoir engagé mademoiselle Oriska, petite brunette à l'œil éveillé, au cœur libre pour l'instant, exerçant à Paris la profession de modèle en qualité de propriétaire d'une jambe faite au tour, et qu'appréciaient ort messieurs les artistes.

VI

Sur la butte Montmartre.

Non loin de la demeure de Gilbert et de Richard, sur le versant nord de la butte Montmartre, dans un grand et ancien bâtiment situé au milieu d'un vaste jardin occupé partiellement par de nombreux locataires, vivait depuis trois mois, retirée et silencieuse, en compagnie d'une vieille servante, une jeune et jolie fille vêtue de deuil.

Le modeste appartement qu'elle occupait, situé au deuxième étage, se composait de deux petites chambres et d'une cuisine; le mobilier qui le garnissait, par son extrême simplicité, révélait aux regards curieux le peu d'aisance dont jouissait la personne qui en était propriétaire, laquelle, en venant habiter cette demeure, s'était annoncée en qualité de professeur de piano, se disant de plus orpheline et sans fortune.

Cette jeune fille, petite, blonde et d'une rare beauté, pleine de distinction et de modestie dans ses manières, se nommait Alice Leroux. Alice, orpheline par la mort de son père, d'un père imprévoyant qui, après avoir réalisé ce qui lui restait de fortune, vendu ses propriétés, eu l'intention de placer une somme de deux cent dix mille francs sur la tête de sa fille bien-aimée, avait laissé flairer cet argent par deux chevaliers d'industrie auxquels il avait eu l'imprudence de les prêter à un taux légal, guidé par la confiance que ces hommes, parés d'un grand nom, de dehors séduisants, avaient su lui inspirer.

On a vu, dans un chapitre précédent, comment le malheureux Leroux avait été récompensé de son obligeance.

Son père mort, les deux lettres de change anéanties par Julian lorsqu'il eut repêché le corps du pauvre Leroux; Alice était ruinée, et d'une position aisée tombée dans un état voisin de la misère, puisque la maison de Ville-d'Avray avait été comprise dans la vente des autres propriétés, et le mobilier qui garnissait ces lieux ayant servi à payer les quelques dettes du défunt et les frais d'inhumation.

Notre orpheline, désormais sans autre ressource qu'un avenir de travail, aidée et conseillée par sa fidèle et dévouée servante Louison, s'était empressée de quitter l'appartement qu'elle occupait à Paris avec son père, comme étant d'un prix beaucoup trop élevé pour ses moyens, et de se réfugier dans le modeste logement où nous la retrouvons aujourd'hui, vivant pauvrement du salaire modique des leçons de piano qu'elle allait donner chaque jour en ville, dans plusieurs familles auxquelles elle avait été recommandée.

Alice arrivait de Paris, d'où elle venait de donner des leçons. Partie depuis le grand matin, elle rentrait chez elle à quatre heures de l'après-midi, brisée par la fatigue et le besoin.

— Chère enfant, vous êtes bien lasse, n'est-ce pas? disait Louison en débarrassant sa jeune maîtresse de son chapeau et de son châle.

— Oui, ma bonne Louison, aujourd'hui comme hier, comme je le serai sans doute demain, répliqua Alice.

— Asseyez-vous et dînons, cela vous rendra des forces, mon pauvre ange! Aujourd'hui, je crois avoir fait un petit dîner à votre goût : une côtelette de veau en papillotte, et des épinards au sucre. Il n'y a pas jusqu'à moi qui me suis soignée en me fricassant un énorme plat d'excellentes pommes de terre au lard, mon mets favori.

— C'est-à-dire, Louison, que pour mieux me gâter et en même temps ménager notre bourse, tu te condamnes chaque jour aux aliments les plus grossiers, tandis que tu me sers de véritables friandises.

— Vous êtes dans l'erreur, chère petite, et si notre cuisine diffère, c'est que je donne à chacune de nous selon son goût; moi qui adore les pommes de terre, eh bien! je m'en régale, voilà tout; c'est peut-être de l'égoïsme, mais tel est mon caractère.

— Louison, je les aime aussi, je vais en manger; emporte ta côtelette.

— Par exemple ! voulez-vous bien vous mettre à table et manger cette viande. Quand on travaille, une nourriture confortable est de première nécessité.

— Louison, il n'y a plus de distance entre nous, nous sommes deux amies chez lesquelles doit régner l'égalité. Ainsi donc, dorénavant, plus de différence dans nos mets, et si tu veux que je fasse honneur à ta côtelette, c'est de la partager avec moi, comme je vais le faire à l'égard de ton mets favori.

— Cependant !...

— Pas de cependant ! A table en face l'une de l'autre, et dînons, car j'ai grand' faim.

— Ce qui ne vous arrive pas souvent,

chère petite, disait Louison en prenant place au couvert.

— C'est qu'aujourd'hui, je suis assez contente.

— Vraiment, mademoiselle! comptez-moi ça.

— Je t'ai quelquefois parlé d'un monsieur Delmarre, un jeune homme que j'ai souvent rencontré chez une de mes élèves de Paris?

— Oui, et qui est envers vous d'une très grande politesse.

— Exquise, ma chère Louison. Ce jeune homme, d'une obligeance extrême, a la bonté de s'intéresser à moi. Tu sais que je lui suis redevable de mes deux meilleures élèves? eh bien! Louison, il m'a promis aujourd'hui de m'en procurer deux autres encore, des demoiselles riches et titrées.

— Tiens! c'est bien gentil de sa part à ce jeune monsieur. Après tout, qui n'aimerait à rendre service à une personne comme vous, sage, bonne, courageuse? Pauvre enfant! tombée si haut et si résignée dans le malheur!... A propos, êtes-vous allée aujourd'hui chez l'avoué de monsieur votre père? a-t-il quelque nouvelle?

— J'y suis allée, Louison, mais il n'a rien découvert encore, répliqua Alice en soupirant.

— Comment, on ne viendra pas à bout de savoir où votre père a niché ce chien d'argent, une somme si considérable, plus de deux cent mille francs! mais c'est affreux! c'est abominable!

— M. Duprès, notre avoué, soupçonne que mon pauvre père aura prêté ou confié cet argent à des gens qui profitent de sa mort pour se l'approprier.

— Et en frustrer une pauvre orpheline. les canailles! cela ne leur portera pas bonheur, bien sûr! interrompit Louison avec colère.

— Tu as raison, ma bonne, le bien mal acquis profite mal. Quant à moi, j'ai confiance en ce Dieu qui a rappelé mon père à lui, mon père qui sans doute veille sur moi du haut des cieux.

— Oui, mademoiselle, bien sûr que le bon Dieu n'abandonnera pas l'ange qu'il a mis sur terre. Vous retrouverez votre héritage un beau jour, Dieu aidant.

— Louison, reprit Alice, si j'écrivais une seconde fois à ma tante de Chartres ?

— A cette vieille avare qui est riche, dit-on, comme un Crésus ? et vit dans la misère, dans la crainte de dépenser son argent, qui mourra de faim un beau jour, couchée sur ses sacs d'or ; un cœur de rocher enfin, à qui vous avez fait part de la mort de votre père, son propre frère, de votre pénible position, et n'a seulement pas daigné vous répondre. Fi ! de cette méchante femme qui n'a nulle pitié de vous ni de ses semblables.

— Peut-être n'a-t-elle pas reçu ma lettre, Louison ?

— Pourquoi ne l'aurait-elle pas reçue, du moment que vous l'avez affranchie ?

— N'importe, Louison, j'écrirai de nouveau, car j'ai bien de la peine à croire qu'une sœur abandonne ainsi volontairement l'orpheline enfant de son frère ; car enfin, cette tante, le peu que je l'ai connue dans mon enfance, m'a paru bonne et sensible.

— Pour elle, c'est possible, mais égoïste et intéressée pour les autres. La chère dame qui vous savait riche alors, bien certaine que votre père ne lui demanderait jamais rien, ne courait pas grand risque en faisant la bonne, mais aujourd'hui qu'elle sait sa nièce dans le malheur, motus, plus signe de vie... Tenez, mademoiselle, l'espèce humaine n'est vraiment pas grand'chose, à preuve ces mauvais sujets de jeunes gens vos locataires à Ville-d'Avray, deux francs hypocrites auxquels on aurait donné le bon Dieu sans confession, dont l'un se permettait de vous faire la cour, et de porter même l'audace jusqu'à vous demander en mariage à votre père, et qui n'étaient autres que des aventuriers, des chevaliers d'industrie, vivant aux dépens des gourgandines qu'ils avaient pour maîtresses.

— Hélas ! Louison, cette femme qui est venue auprès de mon père accuser M. Gilbert d'une pareille faute, n'était peut-être qu'une menteuse, que la jalousie, la haine poussaient à commettre une vilaine action ? répondit Alice devenue triste tout à coup.

— Oh ! vous êtes si bonne, si honnête,

chère petite, que vous avez peine à croire à la méchanceté des autres; mais cette madame Veauluisant n'a dit que la vérité, ce M. Gilbert était bien son amoureux ; les quatre cents francs que ce Richard est allé lui emprunter, sous le prétexte de je ne sais quelle maladie, étaient bien pour le peintre qui se portait alors aussi bien que vous et moi. Oui, quatre beaux cents francs qu'aurait certes perdus la prêteuse, si le hasard n'avait permis qu'elle rencontrât un jour, dans Ville-d'Avray où elle se promenait avec son mari, ce Gilbert, débiteur infidèle, qu'elle suivit en cachette, et dont elle découvrit la demeure.

— Alors, tu conviendras avec moi, Louison, qu'il eût été plus généreux de la part de cette dame d'aller trouver M. Gilbert pour lui réclamer son dû, plutôt que de venir se plaindre à mon père et d'accuser ces pauvres jeunes gens qu'elle lui dépeignit comme étant des hommes de mauvaise vie.

— Elle fit bien, ma foi et c'est grâce à ces révélations que vous êtes redevable de ne pas être aujourd'hui la femme d'un libertin et d'un fripon. Car votre excellent père, effrayé, voulant vous soustraire aux entreprises et à l'amour simulé sans doute, de ce Gilbert, s'empressa de vous emmener à Paris, après avoir donné congé à ces deux mauvais garnements que Dieu merci, nous n'avons plus revu depuis.

— Louison, qui jamais aurait pensé cela de monsieur Gilbert? lui qui semblait si bon, si tendre et promettait de faire le bonheur de ma vie en m'aimant toujours! fit Alice avec tristesse.

— Moi, je pense que ce qu'il aimait le plus en vous, était la grosse dot que vous deviez lui apporter en mariage.

— Tu penses, cela, Louison.

— Je fais plus, j'en suis certaine.

Alice répondit par un profond soupir à ces dernières paroles de la vieille femme. Comme le modeste repas était terminé, Alice quitta la table pour passer dans la seconde chambre où était son piano devant lequel elle se plaça dans l'intention d'étudier, mais elle sentit le courage lui manquer, ses doigts demeurèrent inactifs, sa tête se pencha sur son sein et ses yeux se remplirent de larmes. La pauvre fille pensait à Gilbert, à Gilbert qu'elle avait tant aimée, et son cœur saignait à la pensée que cet homme qui avait su lui inspirer un aussi tendre sentiment que celui de l'amour, n'était autre qu'un être faux et corrompu, l'amant d'une femme mariée. Ce fut à ces amères pensées que vint l'arracher le tintement d'une sonnette, puis ensuite Louison, pour lui annoncer la visite de M. Delmare.

— Venir jusque chez moi! murmura Alice avec surprise tout en se levant pour aller au-devant du visiteur, qu'elle rencontra dans la première pièce.

— Vous, monsieur? fit Alice en saluant.

— Moi-même, charmante demoiselle qui, pressé de vous apporter l'adresse des deux élèves dont je vous ai parlé ce matin, ai pris la liberté de me présenter chez vous, répondit monsieur Delmare.

dont nous nous dispenserons de faire ici le portrait en disant tout de suite au lecteur que cet homme n'était autre que Gaston de Rieux, le complice de l'assassin du père de la pauvre jeune fille, l'un des deux coquins qui lui volaient son héritage, puis encore, le prétendant à la main de mademoiselle Hélène de Bréville, l'une de ses meilleures amies de pension.

Alice, que cette visite inattendue embarrassait, s'empressa néanmoins d'introduire Gaston dans la chambre au piano comme étant la plus convenable et de lui avancer un siége en le priant de s'asseoir.

— Chère enfant, qu'avez-vous, vous semblez toute interdite, est-ce que, ma présence, faite dans un louable motif, vous semblerait importune ? dit Gaston.

—Ne le pensez pas, monsieur, et daignez excuser l'émotion d'une pauvre solitaire que surprend autant qu'elle l'honore votre présence chez elle.

— Quoi, tant de jeunesse et de beauté habiter ce pays perdu et une pareille demeure, reprit Gaston après avoir approché son siége tout près de celui où venait de se poser Alice.

— Cette demeure, loin du bruit de la ville, s'accorde avec mes goûts, monsieur.

— Est-ce donc à votre âge qu'on doit fuir le monde, surtout quand on possède tous les charmes et les talents nécessaires pour y briller honorablement?

— Vous me flattez beaucoup trop, monsieur, et la société ne serait peut-être pas aussi indulgente que vous, pour une fille sans fortune ni famille, n'ayant d'autres ressources pour exister, que le produit de ses faibles talents.

— Et sans murmurer vous acceptez une aussi triste position que celle d'un travail forcé, lorsque le ciel vous a créée pour commander et être heureuse; lorsque vous n'avez qu'un mot à dire pour jouir des plus brillants avantages et voir le monde à vos pieds.

— Ce mot je ne puis le comprendre, monsieur; il est donc bien puissant pour enfanter de pareils miracles? dit en souriant l'innocente jeune fille.

— En effet, bien puissant, surtout échappé de vos lèvres divines.

— Qu'est-il enfin?

— Je vous aime, répliqua Gaston.

— Mais ceci n'est qu'un aveu du cœur...

— Qu'il suffirait d'adresser à celui qui en échange de ce même aveu s'estimerait heureux de déposer sa fortune à vos pieds.

— Monsieur Delmare, je ne prononcerai jamais ces mots, ne voulant pas me marier.

—Sans qu'il soit question de ce lien maussade, ne peut-on aimer qui nous aime? répliqua doucereusement le jeune homme tout en s'emparant de la main d'Alile pour la presser tendrement.

— J'ai entendu dire qu'il existe des femmes assez oublieuses de leur honneur, de leur dignité pour échanger leurs caresses trompeuses contre de l'or et des parures, mais ce n'est sans doute pas ce trafic déshonorant que monsieur Delmare oserait conseiller à une jeune fille honnête, et chez laquelle il se présente à titre de protecteur, et qui l'accueille avec toute la confiance, toute la joie d'un cœur reconnaissant, fit Alice d'un ton sévère et en ramenant à elle la main dont Gaston s'était emparé.

— Non certes ! Dieu me garde de vous faire une telle offense, ma belle colombe. Mais supposons votre cœur uni au mien par un brûlant amour, tout alors entre eux ne devrait-il pas être commun, plaisir, chagrin et fortune, puisque ces deux cœurs n'en feraient plus qu'un ?

— Je résous ainsi ce problème monsieur : une fille honnête ne donne son cœur qu'à l'homme qui l'estime assez pour en faire sa femme et ce n'est que lorsqu'elle porte légitimement son nom qu'il lui est permis d'accepter ses bienfaits sans rougir.

— En vérité, mademoiselle, vous êtes d'une rigidité désespérante devant laquelle échouerait tout mon courage si l'amour que vos charmes m'ont inspiré n'était plus fort que ma raison.

— Monsieur! s'écria Alice effrayée en se levant vivement et que Gaston retint par la main

— Au nom du ciel, belle Alice, daignez m'entendre et loin de vous effrayer de mes tendres aveux; ne voyez en moi qu'un amant aussi sensible que respectueux, qui n'ambitionne que le bonheur de vous adorer et de vous obéir comme un esclave soumis...Oui, cher Alice, je vous aime ; à vous ma vie, mon amour, mon adoration.

— Mon Dieu! quelle pénible désillusion! n'est-il donc au monde nul cœur désintéressé? soupira Alice dont les larmes baignaient la paupière.

— Hélas! reprit Gaston, est-ce donc un crime bien grand à vos yeux que d'aimer ce qui est digne d'être aimé et de lui en faire l'aveu?

— Monsieur, si mon cœur devait se donner un jour, ce ne serait qu'à l'homme qui daignerait m'accepter pour compagne, et je vous l'ai déjà dit, ne voulant point me marier, je ne veux, ni ne dois aimer. Maintenant, monsieur, cessons, je vous prie, un entretien qui m'est pénible.

— Ainsi, il n'est aucun moyen de vous fléchir, nul espoir de bonheur à attendre de votre inflexible cœur? reprit Gaston.

— Monsieur, je ne veux être la maîtresse de personne.

— Et moi Alice, je veux que vous m'aimiez, je veux être votre amant, et cela sera car je l'ai juré! répliqua audacieusement Gaston.

— Monsieur Delmare, veuillez vous retirer; je désire être seule chez moi, fit la jeune fille en marchant vers la porte de la chambre.

— J'obéis, mais je reviendrai.

— Je vous le défends, monsieur, dit Alice avec fermeté.

— Je reviendrai, vous dis-je, ainsi me le conseille le doux espoir de vous retrouver moins rebelle à mon amour. Adieu donc, ma toute belle, adieu!

Et ces dernières paroles dites, Gaston

salua et se retira, laissant Alice effrayée et anéantie, Alice que Louison, après avoir reconduit le visiteur retrouva les yeux baignés de larmes.

— Vous pleurez, chère demoiselle: que vous est-il arrivé, bon Dieu?

— Rien, bonne Louison.

Oh! je ne crois pas qu'on puisse pleurer sans motif... est-ce que par hasard ce serait ce beau monsieur qui sort d'ici qui vous aurait fait de la peine ?

— Non, ma bonne, cependant si ce monsieur Delmare se représentait une seconde fois, aie bien soin de lui dire que je n'y suis pas, ajoute même que je suis à la campagne et que tu ignores l'instant de mon retour.

Laissons Alice et Louison pour un moment et rejoignons Gaston, voyons-le quitter la demeure de la jeune fille et sur la pente rapide du chemin qui, de la butte Montmartre, descend dans Clignancourt, rejoindre trois jeunes gens qui l'ayant accompagné lors de sa venue, attendaient son retour.

— Eh bien! as-tu réussi? es-tu l'amant heureux de la jolie fille? interrogea vivement l'un des trois.

— Pas encore, mais peu s'en faut, cher Julian. La petite est une vertu premier choix, un fruit charmant à cueillir dont je suis gourmand en diable et que je croquerai à la prochaine entrevue, chose convenue et décidée.

— Entre elle et toi? observa en riant un des jeunes gens.

— Certes ! mais ça n'a pas été sans peine, car la belle faisait bonne résistance et se lançait dans des sophismes à perte de vue, se barricadait devant les mots vertu, honneur et autres utopies du même calibre et il n'a pas moins fallu que l'artillerie de mon éloquence persuasive pour renverser toutes ces minauderies et enlever le cœur de la fillette dont il m'aurait été même facile, de renverser l'indécision séance tenante sans la présence d'une vieille sempiternelle de servante qui, de planton dans une chambre voisine, paralysait mon audace habituelle. Enfin, comme je vous le dis, c'est partie remise.

— Messieurs, j'ai comme idée que ce cher Gaston est tant soit peu vantard.

— Moi, je crois qu'il en est pour ses frais et que son prétendu triomphe sur le cœur de cette fille, dont la vertu est dit on proverbiale, n'est autre qu'une fanfaronade.

— Et moi, Julian de Langenais, je me range de votre avis, messieurs.

— Ah ! ah ! tous trois contre moi ! ah ! vous niez mon triomphe, mes drôles ! eh bien ! passons aux preuves... quelle nuit indiquez-vous pour mon bonheur; quelle nuit voulez-vous que je couche avec la belle, dit effrontément Gaston.

— Indique toi-même.

— Soit ! c'est aujourd'hui mardi... eh bien, je choisis la nuit de jeudi à vendredi.

— Qui nous prouvera, que l'œuvre est accomplie ? fit Julian.

— Vos yeux qui m'auront vu pénétrer le

soir chez Alice et qui m'en verront sortir au jour naissant. Douterez-vous encore ?...

— Il y aurait mauvaise grâce alors à nier le fait et nous n'aurons plus qu'à saluer en toi le plus hardi et le plus heureux vainqueur.

— Quoi, cher, vous consentiriez à faire le pied de grue une nuit entière à la belle étoile, tandis que monsieur croquerait douillettement et chaudement la plus adorable poulette du monde ? Quant à moi, c'est une corvée à laquelle s'oppose le mauvais état de ma santé, fit Julian en accompagnant ces mots d'une toux sèche et fréquente; Julian, jadis d'une santé robuste, la figure pleine et colorée, et que nous retrouvons après quatre mois d'absence, pâle, amaigri, offrant à l'œil tous les symptômes de la phthisie à son premier degré.

— Soyez sans crainte, mes amis, car demain, je fais louer par un de mes valets, un petit appartement situé dans la maison de ma belle, dont les fenêtres donnent sur les siennes, où tout en m'observant vous fêterez le délicat souper et le champagne que j'y aurai fait porter... Qu'en dis-tu Julian ?

— Je dis qu'à cette condition, tu peux compter sur moi.

VII

Incidents divers.

Le lendemain de ce jour, Gaston se présentait chez Julian sur les cinq heures du soir et trouvait ce dernier à sa toilette.

— Comment, tu n'es pas prêt lorsque tu sais que madame de Bréville indique le dîner pour six heures? dit Gaston.

— Je suis en retard, j'en conviens, mais il faut s'en prendre à ma santé qui aujourd'hui a été des plus détestable, à une toux opiniâtre qui ne m'a pas laissé un moment de repos... Tiens, Gaston, je crois que je suis un homme mort; mon dévoûment pour sauver ce Leroux m'a été funeste, car de ce jour-là date la perte de ma santé. Oh! l'argent que j'ai gagné dans cette noble action me coûtera cher.

— Bah! tu t'effraies à tort, cher ami, et je trouve, moi, qu'au lieu de baisser de plus en plus, ainsi que tu te l'imagines, tu te ressuscites chaque jour davantage; par exemple, aujourd'hui, je te trouve une mine superbe...

— Ce n'est pas ce que pense madame de Bréville, qui me croit un homme mort.

— Qui te dit qu'elle pense ainsi?

— Ses conseils, le regard piteux qu'elle m'adresse et que je surprends; le changement qui s'est opéré en elle à mon égard depuis qu'elle me sait souffrant; son embarras, lorsque je lui parle de notre mariage qu'elle ajourne sans cesse.

— Au jour de ton entière guérison, sans doute?...

— A l'éternité alors, répliqua amèrement Julian; Puis reprenant :

— Et le tien avec sa fille, à quand?

— Dans six semaines, terme fixe, irrévocable. Ce n'est pas malheureux, n'est-ce pas, depuis quatre mois que cette femme fantasque le recule sans cesse, et par pur caprice; remises qui me plongent dans des transes mortelles, et fatiguent mes démons de créanciers prêts à perdre patience. Ah! que ne puis-je envoyer toute cette canaille rejoindre par le même chemin, le pauvre Leroux !

— Ce serait moins facile, il y en a un si grand nombre, répondit Julian en souriant; puis reprenant : A propos, j'oubliais de te dire que j'ai enfin mis la main sur un homme sensible, tout disposé à nous prêter quelques fonds, comme qui dirait une cinquantaine de mille francs.

— Quoi ! par le temps qui court tu es venu à bout de mettre la main sur un pareil phénomène ? comment et où as-tu trouvé cet être rare, unique, précieux ? s'informa vivement Gaston.

— Chez un artiste, un peintre en réputation, auquel j'ai fait retoucher un tableau appartenant à madame de Bréville qui m'avait chargé de cette commission. Ce respectable prêteur, qui par parenthèse possède une jeune et jolie femme, ayant conçu la malheureuse fantaisie de faire reproduire son ignoble face, sous le majestueux uniforme d'un caporal de la garde nationale, était entrain de poser lorsque je me présentai chez l'artiste. Le type bourgeois et hébété de ce Veauluisant, car c'est ainsi qu'il se nomme; le riche diamant attaché à sa chemise, m'ont tout de suite indiqué une bonne pâte facile à duper, et un coffre fort à vider. Partant de là, mon empressement à entamer la conversation en m'extasiant devant la ressemblance de son portrait, en le félicitant du grade qu'il occupe dans la milice citoyenne, pour ensuite m'informer de son nom, de sa demeure, et lui offrir une place dans mon coupé, sous le prétexte que mes affaires m'appelaient ce jour dans son quartier.

— Il a accepté? interrogea Gaston.

— Si bien, qu'étant arrivé à sa porte, Veauluisant, enchanté de ma personne, de mes manières princières, m'invita à monter chez lui, où il me présenta à sa femme, espèce de jolie grisette égrillarde et endimanchée, laquelle m'accueillit le plus gracieusement du monde, au point même de m'inviter à dîner.

— As-tu accepté?

— Non pas, sous le prétexte que j'étais engagé ce jour chez le ministre de l'Intérieur, mon cousin, parenté qui, en me grandissant d'une coudée dans l'esprit de ces bons bourgeois, me valut de leur part un redoublement d'égards et de civilités.

— Fort bien ! comment abordas-tu le chapitre de l'argent? demanda Gaston impatient.

— Huit jours plus tard, à la suite d'un excellent dîner que j'ai daigné accepter à la grande satisfaction de ces bons amis. L'intendant de mes domaines me laisse dans la gêne, le maroufle me fait attendre depuis un mois : deux cent mille francs provenant de la coupe de l'une de mes forêts, sous le prétexte que les acquéreurs de mon bois s'exécutent avec lenteur. Cependant, cet argent m'est indispensable, voulant faire réparer mon hôtel, renouveler mes chevaux et mes équipages, changer la couleur de ma livrée, et augmenter le nombre de mes gens ; tout cela en prévision de ma très prochaine nomination à quelque haute ambassade.

— Si monseigneur, en attendant que son intendant lui envoie de l'argent, avait besoin de quelques milliers de francs, je m'estimerais heureux de les mettre à sa disposition...

— Merci, mon cher de Veauluisant, je ne dis pas non, mais comme je viens d'écrire de bonne encre à ce faquin, je désire attendre sa réponse. Le surlendemain, je faisais lire à Veauluisant ladite réponse dans laquelle l'intendant me suppliait de patienter encore quinze jours ; puis après m'être laissé prier, presser, j'ai fini enfin par accepter une cinquantaine de mille francs que le bon bourgeois s'occupe en ce mo-

ment de réaliser pour me les prêter demain
ou après... Voilà le tout, cher ami : ce n'est
pas plus difficile que ça, sans compter qu'a-
vec l'argent du mari, je veux les faveurs de
la femme qui me semble tout à fait digne
de mes bonnes grâces.

— Admirablement bien joué! s'écria
Gaston.

— Autrement que toi, insigne flâneur,
qui perds le temps à courir sans profit
après les faveurs d'une innocente fille. A
propos, est-ce toujours demain que tu cueil-
les cette rose printanière ?

— Toujours, fit Gaston, et je compte sur
toi.

— A quoi bon ?

— Parce que si la petite s'avisait de résister en continuant de m'opposer les grands

mots : honneur, réputation, je veux qu'elle sache que, grâce aux amis appostés par moi pour être témoins de mon bonheur, que ladite réputation n'en sera pas moins compromise, or, sachant que de toute façon, ma maîtresse ou non, elle pass'ra pour telle, j'ai chance de réussite.

— Ainsi, loin d'être favorisé, comme tu le prétendais hier...

— La belle m'a flanqué à la porte avec défense de me présenter chez elle, avoua Gaston.

— Cela est humiliant et demande vengeance, fit Julian en riant.

— Oh! cette femme m'appartiendra, dussé-je la prendre par la famine, en la privant des élèves que je lui ai procurés par mon crédit.

— Franchement, tu es un franc gredin qui, non content d'avoir ruiné cette pauvre enfant, veut encore lui ravir son innocence, niaiserie à laquelle elle paraît attacher infiniment d'importance, la sotte !... Me voilà prêt; partons, ajouta Julian en finissant d'étendre un peu de carmin sur ses joues amaigries par la souffrance, afin d'en effacer la pâleur.

Un quart d'heure après cet entretien, les deux amis entraient dans le salon de madame de Bréville, où se trouvaient réunis les invités au grand dîner que donnait cette dernière, afin de fêter l'anniversaire de la naissance de sa fille la belle Hélène.

— Comment vous trouvez-vous ce soir, monsieur de Langenais? s'informa avec intérêt madame de Bréville, venue à la rencontre des deux jeunes gens.

— Beaucoup mieux, madame, encore quelques jours de prudence et de soins, et ma santé sera entièrement rétablie.

— Je vous en félicite, répondit la dame en souriant.

— Nous ne sommes pas en retard, chère et bien-aimée belle-mère? demanda Gaston.

— Non, cher gendre, car votre future est encor à sa toilette; ensuite, nous attendons deux invités, deux jeunes artistes qui m'ont promis d'être des nôtres.

— Des musiciens sans doute? interrogea Gaston.

— Non, un peintre et un sculpteur deux réputations célèbres, que j'ai rencontrés dernièrement dans les salons du prince russe Manzikof, qui me les a présentés et recommandés vivement,.. vous les verrez, deux jeunes gens charmants et d'une grande modestie, en dépit de leurs beaux talents, chose rare chez des artistes.

A peine madame de Bréville avait-elle prononcé ces derniers mots, qu'un valet annonça M. Armand Gilbert et M. Auguste Richard.

— Soyez les bien venus, messieurs, et recevez mes remercîments pour le plaisir que vous me faites d'avoir bien voulu accepter mon invitation, dit madame de Bréville aux deux amis qui s'empressaient de lui adresser leurs salutations.

— Tout le plaisir est pour nous, madame, et c'est pleins de reconnaissance que mon ami et moi nous vous remercions d'une invitation aussi honorable.

— Eh mais! nous sommes de connaissance, messieurs, dit Julian en souriant à Gilbert ainsi qu'à Richard dont la présence chez madame de Bréville le surprenait autant qu'elle le contrariait.

— Ah! vous vous connaissez, messieurs? voilà qui est charmant! fit la dame.

— Monsieur m'a fait l'honneur de me confier quelques toiles à retoucher, dit Gilbert.

— Ouvrage difficile dont vous vous êtes acquitté de main de maître, monsieur Gilbert, car d'une peinture ordinaire vous en avez fait un chef-d'œuvre... n'est-ce pas, madame? ajouta Julian en s'adressant à madame de Bréville.

— Comment, monsieur, c'est vous à qui je suis redevable de ce miracle de l'art ?

Gilbert, pour toute réponse, s'inclina en souriant.

Une porte s'ouvrit, et mademoiselle de Bréville, belle à rendre une madone jalouse, se présenta, gracieuse et parée, pour recevoir les salutations et les hommages de chacun.

— Cette jeune fille est admirablement belle, dit Richard bas à l'oreille de Gilbert.

— Messieurs, permettez-moi de vous présenter ma fille, fit madame de Bréville en présentant Hélène aux deux artistes.

— Et moi, messieurs, ma future adorée, dit à son tour Gaston avec orgueil, tout en s'emparant de la main d'Hélène pour la presser avec respect et tendresse, pui ajouter ensuite en s'adressant à Gilbert : Avouez, monsieur, que l'artiste au talent duquel je confierai le soin de faire le portrait de ma femme bien-aimée, s'estimera heureux d'avoir à reproduire ce type de perfection suprême et d'exquise beauté.

— J'en conviens, monsieur, car il est rare de rencontrer dans le même modèle les grâces de l'Albane réunies à l'idéal de Raphaël, répondit Gilbert.

— Grâce, messieurs, pour ma modestie qu'effarouchent des louanges aussi flatteuses, répliqua Hélène en souriant, Hélène que Richard admirait en silence, dont les charmes ravissants troublaient son esprit et son cœur.

Un valet étant venu annoncer qu'on était

servi, on fut se mettre à table, où, durant l'espace de deux heures, et dans une joyeuse causerie, chaque convive fit preuve d'esprit et d'amabilité.

Le repas terminé, on passa au salon pour prendre le café.

— Qu'as-tu donc! tu me parais ce soir, et contre ton habitude, d'un taciturne effrayant? dit en aparté Gilbert à Richard.

— J'ai que je suis bêtement tombé amoureux fou de la future de ce M. Gaston, répondit le statuaire.

— Quoi, amoureux de mademoiselle de Bréville, d'une fille qui doit se marier sous quinze jours, es-tu fou?

— C'est stupide, j'en conviens, mais cela est.

— Eh bien, fais en sorte que cette extravagance se passe aussi vite qu'elle t'est venue, reprit Gilbert.

— J'essaierai, mais cela sera difficile.

— Comment trouves-tu tout ce monde, Richard?

— Gentil, drôlichon; la maîtresse de céans surtout, des femmes charmantes autant que spirituelles; quant à ces deux dandys, intitulés Gaston et Julian, je ne sais trop pourquoi, mais ils me font l'effet de deux sournois, ou pour mieux dire, de deux véritables chevaliers d'industrie.

— Quelle idée! exclama Gilbert avec surprise.

— Oh! toi, mon cher, avec la dose de candeur et de bonsasité dont t'a doué dame nature, tu ne vois et ne juges que la superficie, mais moi, c'est le fond que j'analyse et que je dissèque, ce qui fait que je me trompe rarement dans les jugements que je prononce contre l'espèce humaine. Je persiste donc à soutenir que ces deux membres du Pantalon-Club ne sont autres que des lions à crinières, échappés du quartier Notre-Dame-de-Lorette, et attirés en ce parage par l'appât de deux riches proies sur lesquelles ils sont tout prêts à mettre la griffe.

— Richard, tu viens de m'avouer que tu es amoureux, or c'est la jalousie qui chez toi parle en ce moment.

— D'honneur non! répliqua vivement Richard.

— Messieurs, venez donc, ces messieurs sont entrain de causer beaux-arts, ceci est de votre compétence, veuillez y prendre part, fit Hélène en s'approchant des deux amis pour leur présenter une main amicale que Richard s'empressa de saisir, main charmante qui l'entraîna au milieu d'un groupe de causeurs où ils prirent place ensemble.

Près du foyer, isolé de la société, se tenaient depuis un instant, Julian et madame de Bréville, la dame assise devant le feu tout en lui présentant l'un après l'autre ses pieds mignons, afin de les réchauffer, prêtait l'oreille aux paroles qu'à voix basse lui débitait Julian debout et accoudé sur le marbre de la cheminée; madame de Bréville souriait, en écoutant, et ce sourire loin d'attirer celui du jeune homme, semblait au contraire exciter en lui l'impatience et le mécontentement.

— Au nom du ciel, madame, sortez-moi de cette cruelle incertitude, et charitable autant que vous êtes belle, dites si je dois encore espérer ou s'il me faut renoncer au doux espoir de devenir votre heureux époux, disait Julian.

— Vous demandez que je m'explique franchement, mon ami; mon Dieu! je ne demande pas mieux, mais à la condition que telle que soit ma décision, vous n'en restiez pas moins mon meilleur ami, répliqua la dame.

— Je le promets.

— Ce n'est pas assez; jurez-le moi.

— Je le jure!

— Eh bien, mon ami, il faut renoncer à nos projets d'union.

— O ciel! que dites-vous, cruelle? pourquoi parjurer ainsi vos plus douces promesses, fit Julian avec désespoir.

— Parce que je redoute le ridicule dont me couvrirait aux yeux du monde une union disproportionnée, parce que vous êtes un jeune homme et que je suis une vieille femme, parce qu'enfin ce mariage est désormais impossible !

— Cependant, il y a cinq mois au plus, madame, que vous pensiez autrement, car alors, peu soucieuse de l'opinion du monde et passant sous silence les quelques années qui distancent nos âges, vous consentiez à devenir ma femme bien-aimée, de confier à mon amour le soin de votre bonheur. Hélas! quel cruel caprice de votre part, vient donc aujourd'hui détruire mes plus chères espérances en portant dans mon cœur le regret et le désespoir? murmurait Julian en cachant sous un masque douloureux et suppliant, la sourde colère qui l'agitait.

— C'est qu'il y a cinq mois, Julian, j'étais une insensée, oublieuse de ma dignité de mère ; c'est que depuis ce temps encore, ce visage, auquel il vous plaît d'accorder menteusement quelques attraits, s'est en dépit de ma coquetterie, orné de plusieurs rides, précurseur du grand sa t de l'éternité, et c'est en découvrant ce stygmate de caducité que la raison m'a doucement glissé à l'oreille, que vieille femme et jeune mari ne peuvent faire un bon ménage.

— Permettez-moi, madame, de réfuter, tout ce beau raisonnement...

— Je ne permets rien, monsieur, tout ce que je viens de vous dire est l'expression d'une volonté, que rien ne pourra ébranler ; ainsi, contentez-vous de demeurer mon meilleur ami, rien de plus... Croyez-moi, Julian au lieu de rêver mariage, pensez à soigner votre santé à laquelle je prends le plus vif intérêt, dit la dame.

— Ainsi madame, moi qui ressens pour vous le sentiment le plus ardent qu'amour a jamais fait naître, moi qui vous aime comme on respire pour exister, qui pensais avoir trouvé en vous une âme qui comprenait mon âme, et enivré par cette douce croyance osais défier le malheur, aujourd'hui je me vois repoussé, chassé de votre cœur, comme je le serai peut-être bientôt de votre pensée... Hélas, hélas ! pourquoi ce triste abandon et qu'ai-je fait, mon Dieu ! pour le mériter? termina Julian du ton de la plus profonde douleur.

— Mon cher, vous tombez dans le larmoyant, ce genre ne convient pas plus à votre caractère qu'à votre physique. Prenez garde, vous tournez au ridicule. Tenez voilà que ma fille se place au piano pour chanter, allons l'écouter...

— Au moins madame, un mot encore qui me tranquillise et me fasse espérer que cette rupture de votre part, n'est autre qu'un caprice passager, reprit le jeune homme suppliant, en retenant la dame par la main.

— Venez donc vous dis-je; Hélène va nous faire entendre une romance délicieuse, répliqua madame de Bréville avec impatience en entraînant Julian, vers le piano où préludait sa fille.

Hélène, d'une voix charmante, interprétait en effet une douce et plaintive romance avec autant d'âme que de goût. Chant délicieux que Richard écoutait avec ivresse tout en contemplant le gracieux visage de la chanteuse que répétait la glace placée en face d'elle sur le piano.

— Décidément cette jeune fille est l'objet qui devait me faire connaître les tourments de ce diable d'amour contre lequel je me croyais cuirassé... fou que je suis ! devenir amoureux d'une jeune fille, qui en aime un autre et qui va se marier... franchement voilà qui est à mon avis d'une bêtise atroce... Allons, allons ! pas de stupidité mon bonhomme et comme il n'y a rien de bon à espérer pour vous de ce côté, cessez de humer l'amour dans ces beaux et doux yeux en faisant volte-face! ainsi se disait Richard tout en essayant de se soustraire à l'attraction du charme qui rivait son regard sur le visage de la jolie fille.

Hélène a chanté et chacun s'empresse de la féliciter sur le charme de sa voix. Richard la voit quitter le piano et aller s'asseoir entre sa mère et Gaston, puis prêter en souriant une oreille attentive aux paroles amoureuses que lui adresse ce dernier du ton d'une douce et intime familiarité; ce que voyant Richard fit qu'il murmura ces mots avec dépit et colère :

— Décidément, le bonheur de ce fat m'offusque horriblement; je veux lui chercher querelle, me battre avec lui et le tuer afin de lui apprendre ce qu'il en coûte d'être aimé de celle dont je suis amoureux.

Et là-dessus, se levant brusquement de son siége, notre statuaire, la jalousie au cœur, les mains crispées, se mit à rôder dans le salon.

— Monsieur Gilbert, êtes-vous musicien? demanda madame de Bréville.

— Quelque peu, madame, et de plus je chante faux à ravir, répliqua en riant le jeune homme.

— On ne peut exceller dans tous les arts, fit Hélène.

— Et vous, monsieur Richard? reprit madame de Bréville, que savez-vous en fait d'art musical?

— Madame, je pianotte, je donne du cor

de chasse, je râcle abominablement du violon, tels sont les talents d'agréments que j'ai pour habitude de n'exercer qu'en société de garçons, par égard pour la délicatesse des oreilles féminines.

— Ce que ta modestie t'empêche d'avouer, Richard, est que tu chantes fort agréablement, fit Gilbert..

— Alors, monsieur, chantez-nous quelque chose à votre choix, dit Hélène.

Et sans se faire plus longtemps prier, notre statuaire se mit au piano pour faire entendre une gaie et spirituelle chansonnette, dont il s'acquitta au grand contentement de la société, et qui lui mérita la plus aimable félicitation de la part de la mère et de la fille.

— Monsieur, veuillez donc jeter un regard sur mon album, il renferme quelques gracieux dessins que des crayons amis ont daigné y tracer, disait Hélène en ouvrant ledit album qu'elle venait de prendre sur un meuble.

— En effet, mademoiselle, ce livre est précieux... voilà un délicieux paysage tracé de main de maître, observa Gilbert.

— Ah! ah! ceci est une vue de Rome, le Musée capitolin, je le reconnais, s'écria Richard.

— Vous avez été à Rome, monsieur? demanda Hélène.

— Oui, mademoiselle, j'ai habité cette cité des arts l'espace d'une année.

— Et vous avez visité le musée que vous représente ce dessin? on dit qu'il renferme bien des chefs-d'œuvre.

— Tous les éternels modèles antiques exhumés du cimetière de Théodoric, c'est un précieux chaos de pierres saintes qui, pour le véritable artiste est plein de charnelles pensées qui brûlent son imagination, où le bruit de ses pas semble réveiller un peuple de statues rangées sur deux files pour le regarder; des cascades d'atômes lumineux planant des hautes vitres qui couvrent ces précieuses galeries, inondent ces images; on dirait que le ciel romain leur envoie le souffle qui donne la vie et la parole dans une pluie de langue de feu. Alors le gladiateur blessé semble désigner avec son épée l'amphithéâtre de Titus par-dessus les ruines du Forum voisin; Pompée semble donner une larme à Jules César tombé à ses pieds; Adrien regarde Antinoüs avec des yeux vivants; Marc-Aurèle, Septime Sévère et Antonin semblent faire entre eux un entretien sublime sur la nature des choses et des dieux.

On admire, puis on s'éloigne à regret de ces héros, de ces demi-dieux, pour s'arrêter aussitôt en extase devant la Vénus capitoline, et là, enchaînés comme un esclave, d'Amacthonte au piédestal de la divine statue; on la contemple avec ravissement se parer de tous les reflets que le prisme du midi décompose sur ses formes célestes; car alors elle se révèle dans toute sa grâce de femme; elle sourit naïvement de se voir si belle, comme une jeune fille sortant du bain; elle secoue sa chevelure parfumée de cinnamone comme une reine qui passe du Gynécée au lit nuptial.

Subjuguée par l'admiration on la regarde, on écoute son souffle, on respire le parfum de ses cheveux, on sourit à son sourire. Puis on se réveille, on s'excuse de sa faiblesse devant cet olympe de marbre, dont on croit entendre le murmure ironique, et l'on s'éloigne, le vertige au front, la flamme aux lèvres, la fièvre au cœur.

Tel est l'effet que m'ont produit ces chefs-d'œuvre qu'on ne peut refuser d'admirer, et dont on essaie en vain de retracer les formes sublimes, inimitables, termina Richard que chacun venait d'écouter avec attention.

— Parlez, parlez encore, monsieur, je vous en prie, j'aime à entendre s'exhaler de votre cœur cet amour du sublime, ce feu sacré qui anime l'âme du véritable artiste... monsieur, je vous prédis qu'un jour votre nom sera célèbre, fit Hélène avec enthousiasme.

— Oh! merci de cette bienveillante prédiction, mademoiselle, répliqua Richard en souriant avec modestie.

La pendule marquait minuit, le salon devenait désert. A leur tour Gilbert et Richard prirent congé de la mère et de la fille, qu'ils laissèrent, à leur grand regret, en société de Julian et de Gaston, qui tous deux semblaient avoir pris racine sur leur siége.

Après avoir reçu des deux dames un adieu amical et l'invitation de renouveler leur visite le plus tôt possible; les deux artistes s'éloignèrent.

— Ami, te voilà amoureux? s'empressa de dire Gilbert, à peine dans la rue, en voyant Richard marcher silencieusement.

— Cela dépend, car je suis encore à me demander, avant de lâcher la bride à mon cœur, s'il y a chance de réussite, s'il n'y a pas stupidité d'aimer une femme qui ne peut vous appartenir, et en aime une autre.

— Moi je pense qu'il y a chance, reprit Gilbert.

— A quoi juges-tu cela ? demanda Richard.

— A certaines nuances que j'ai observées et saisies dans le regard d'Hélène, lorsque tu as parlé. Vrai, ami, je crois que si tu veux en prendre la peine, il te sera facile de supplanter ce pantalon-club intitulé Gaston de Rieux.

— Ainsi, tu penses qu'en esseyant, je

n'en serai pas pour mes frais d'amabilité?

— Je le pense, fit Gilbert.

— Mais ce mariage projeté?...

— Fais en sorte que la jeune fille le rompe d'elle-même.

— Elle ne le fera pas, car mademoiselle de Bréville paraît aimer ce Gaston.

— Tâcher qu'elle ne l'aime plus ce qui ne me paraît pas très difficile en ce que ce Gaston me fait l'effet d'un roué plus amoureux de la dot que de la fillette.

— C'est aussi ma pensée... tiens, Gilbert, j'ai le pressentiment que ce Gaston et son ami Julian ne sont autres que des chevaliers d'industrie.

— Ah! si nous pouvions en acquérir la preuve! fit Gilbert.

— Bah ! laissons cela et allons nous coucher, une bonne nuit de sommeil me rendra peut-être le bon sens après avoir effacé les sottes pensées qui ce soir galopent dans ma cervelle, on est si bête lorsqu'on est amoureux, la preuve en toi pauvre ami, qui depuis six mois pleurniche et soupire en pensant cette petite Alice qui t'a si gentiment brûlé la politesse et que tu ne reverras probablement jamais.

—Ne dis pas cela, Richard, ne me dis pas qu'Alice est entièrement perdue pour moi, si tu ne préfères me rendre le plus malheureux des hommes en me ravissant tout espoir, répliqua tristement Gilbert.

— Allons ne vas-tu pas te désespérer de nouveau et retomber dans tes humeurs noires et cela pour une fille qui ne pense peut être plus à toi, qui est on ne sait où, ou bien mariée à l'heure qu'il est...

— Mariée ! oh non, Alice m'aimait et sa bouche charmante m'a juré qu'elle ne serait jamais la femme d'un autre que moi.

— Serment de femme écrit sur le sable du rivage et que la lame vient effacer.

Tandis que nos deux artistes discouraient ainsi, bras dessus bras dessous en regagnant pédestrement leur domicile, Gaston et Julian paresseusement étendus sur les moelleux coussins du riche landau qui les emportait, après avoir quitté madame de Bréville et Hélène, discouraient aussi de leur côté :

— Je te répète, ce soir elle m'a signifié qu'elle renonçait au mariage et que j'aie à lui rendre sa parole... Comprends-tu, Gaston, un semblable caprice ?

— Non, en vérité... ce changement subit ne proviendrait-il pas du résultat d'enquêtes fâcheuses à ton égard ? aurait-elle eu connaissance de quelques-unes de tes fredaines ? observa Gaston.

— Je ne le pense pas.

— Sam bleu ! tu ne l'as pas assez compromise, il ne suffisait pas de passer dans le monde pour son amant heureux, il fallait l'être véritablement et faire en sorte que ce qu'on est convenu d'appeler maintenant une position intéressante, la mit dans l'impossibilité de refuser le mariage.

Crois-tu donc, mon cher, que je n'ai pas tout tenté pour en arriver là ?

— Elle t'a résisté, je le sais, mais changeant désormais de batterie, ne peux-tu essayer de nouveau et profiter d'un moment propice que tu aurais fait naître pour brusquer l'aventure et triompher des scrupules de cette vertu farouche ?

— Pour me donner un semblable conseil, tu oublies sans doute que je suis à moitié mort, que je succomberais dans la lutte, enfin que ce que n'a pu faire l'homme plein de vigueur et de santé il y aurait folie au moribond de vouloir l'entreprendre.

— Ainsi, plus d'espoir, cette fortune convoitée avec tant d'impatience et d'adresse t'échappe sans retour.

— Hélas oui, mon cher Gaston pour devenir un jour ta propriété en qualité de gendre de madame de Bréville, dit Julian avec amertume en appuyant sur ces derniers mots.

— Oui, comme époux de sa fille unique.

— Ainsi, tu seras un jour deux fois millionnaire grâce à moi, à mon amitié, à qui tu seras redevable de ce brillant et riche mariage.

— Julian, crois bien que je n'oublierai jamais que c'est toi qui m'as présenté chez madame de Bréville, fait connaître Hélène et que mon amitié saura reconnaître ce service.

— Voilà qui est bien parlé, mais je serais curieux de savoir à quel chiffre s'élèvera ladite reconnaissance, car enfin, cher ami, il ne serait pas juste que tu fusses millionnaire de par ma grâce et moi dans la misère. Allons, parle et surtout, avant de faire tinter le diapason de ton âme généreuse, réfléchis que ton mariage et ta future richesse sont à ma discrétion, que d'un mot je puis rompre ton hymen et te faire aussi gueux que je le suis.

— Je comprends : ici, ce n'est plus l'ami généreux qui parle, c'est l'exploiteur qui me demande la bourse ou la vie, fit Gaston avec ironie.

— C'est tout ce que tu voudras mais particulièrement, un homme affligé de la ridicule manie de ne pas vouloir mourir de faim lorsque l'ami intime qu'il aura enrichi aura hôtel somptueux, riche équipage et festin de roi.

— Ce ne serait ni juste ni humain, j'en conviens, mais j'eusse préféré Julian que sans me l'imposer tu confiasses le soin de ta fortune à mon amitié.

— Je conviens que c'eut été beaucoup plus noble, mais une grande faiblesse de mon maudit caractère est d'avoir peu de foi dans la reconnaissance du cœur humain, or, tu dis donc qu'en épousant deux millions de dot, le moins que tu puisses assurer à celui qui te procure ce riche denier, sont vingt cinq mille livres de rentes, autrement dire cinq cent mille francs prélevé sur la dot de ta femme.

— Juste moitié de ladite dot, observa Gaston.

— Juste moitié. Quant au million d'espérance je te l'abandonne entièrement; tu vois que je suis raisonnable.

— Fort bien, mais vu l'âge peu avancé de

madame de Bréville, ce dernier million menace de se faire attendre longtemps, un demi siècle peut-être, ensuite ne peut-il pas se faire que ma chère belle-mère se marie et que maîtresse de disposer de sa fortune elle n'en avantage son mari ?

— Elle m'a juré ce soir qu'en renonçant à moi elle faisait vœu de célibat, ou tu n'as rien à redouter concernant un second hymen, et sans plus de circonvolution acceptes le marché ?

— Non, les cinq cents mille francs que tu me laisses étant insuffisants pour soutenir un train de maison ainsi que je l'entends.

— Gaston, mon ami, nous lésinons, nous devenons cupide dans la prospérité, ingrat même, oserais-je dire... Préfères-tu donc tout perdre en faisant manquer ton mariage ?

— Tu n'oserais me nuire aux yeux d'Hélène et de sa mère.

— Je l'oserai, cher, si tu m'y contrains.

— Je te devancerai alors, en me mettant en garde contre tes révélations en faisant connaître à madame de Bréville, tes ridicules exigeances, et si j'échouais, si ta trahison devait l'emporter, alors je me vengerais, Julian, et cette vengeance serait terrible ! dit Gaston avec colère.

— Ah ! ah ! si je contais tes fredaines à madame de Bréville ; tu m'inffligerais la peine du talion, n'est-ce pas ? reprit Julian d'un ton mielleux.

— Mieux que cela, répliqua Gaston avec vivacité : je te dénoncerais à la justice, comme assassin de Leroux.

— Ayant soin sans doute de te déclarer mon complice, fit froidement Julian.

— Cela serait m'accuser à tort, car j'ignorais tes intentions homicides auxquelles je me serais opposé si je les avais seulement soupçonnée.

— Que je t'accuse, mon bon, et l'on te croira coupable, d'autant mieux que tu étais de moitié dans la créance, et qu'ainsi que moi tu as silencieusement profité des bénéfices du décès... Réfléchis, cher ami, tu te perdrais en voulant me perdre, et ton intérêt fait ma sûreté... Voyons, au lieu de nous déclarer ainsi la guerre et de tiédir cette franche amitié qui nous a liés jusqu'alors, transigeons : tu m'assureras dix mille francs de rente ma vie durant; plus un appartement dans ton hôtel; et mon couvert à ta table lorsqu'il me plaira de venir m'y asseoir... qu'en dis tu ?

— J'accepte ! répondit Gaston.

A ce moment, la voiture entrait dans la cour de l'hôtel de Gaston, ce dernier sauta lestement du marche pied sur le perron et rentra chez lui après avoir jeté un à demain à Julian, et donné ordre à son cocher de le conduire chez lui.

— Ce misérable me sera funeste si je n'y mets bon ordre, murmurait Gaston, un quart d'heure plus tard en se mettant au lit.

VIII

Une fille compromise.

— Mademoiselle Louison, s'il vous plaît ! demandait le lendemain et vers la troisième heure de l'après-midi, un valet en livrée.

— C'est moi, jeune homme, quoi qu'il y

a pour votre service? répondait Louison en personne, après avoir ouvert la porte.

— Je viens vous prévenir que mademoiselle Alice Leroux, en donnant la leçon de musique à ma jeune maîtresse, est subitement tombée malade, et ne pouvant revenir seule chez elle, vous prie de venir la chercher.

— Ma chère maîtresse malade! Jésus mon Dieu! que m'apprenez-vous là, jeune homme? Malade à cette heure, lorsqu'elle est partie ce matin en bonne santé et pleine de vigueur... La pauvre enfant! où est-elle, jeune homme? conduisez-moi...

— A l'hôtel de mes maîtres où elle vous attend avec impatience, dame Louison.

— Partons! hâtons-nous! disait la vieille

servante tremblante et affligée, tout en rajustant son bonnet à la hâte pour après fermer sa porte à double tour, en déposer la clé dans une cachette connue d'Alice et ensuite descendre l'escalier aussi vite que son âge le lui permettait, pour rejoindre le valet qui, ayant pris les devants, l'attendait dans le jardin.

La surprise de Louison fut grande en trouvant une élégante voiture bourgeoise qui stationnait dans la rue devant la grille de la maison, et dans laquelle le valet la pria respectueusement de monter, puisque tels étaient les ordres que lui avaient donnés ses maîtres. Louison enchantée de cette prévenance, mieux encore empressée de se rendre auprès d'Alice, ne se fit pas répéter deux fois l'invitation. La voiture l'emporta donc avec la rapidité de deux chevaux vigoureux, pour aller la déposer dans la cour de l'hôtel de Gaston de Rieux, où, après l'avoir introduite dans les appartements, le même valet, qui l'avait amenée, la pria de vouloir bien attendre le temps seulement d'aller annoncer son arrivée. Louison restée seule jeta un rapide regard autour de la riche chambre où elle se trouvait ; puis impatientée de ne pas voir revenir le valet, mourante d'inquiétude, tremblante sur l'état de santé de sa chère maîtresse, Louison se décida à quitter la chambre pour aller s'informer, mais quelle fut sa surprise d'en trouver la porte fermée à double tour. Quelques minutes encore d'une pénible attente et n'entendant rien, ne voyant rien venir, la pauvre servante inquiète autant qu'effrayée, appella à grands cris, frappa à coups redoublés sur la porte : peine inutile, tout resta muet, et la porte résista.

Il y avait à peine deux heures que la confiante Louison avait quitté la villa de Montmartre, lorsque Alice, de retour de ses courses dans Paris, où chaque jour l'appelaient ses élèves, rentra fatiguée pour aller frapper à sa porte, qui cette fois resta close à sa grande surprise.

Pensant que Louison s'était absentée pour se rendre dans le pays où l'avaient appelée quelques emplètes, Alice fouilla dans la cachette, en sortit la clé et rentra chez elle.

— Huit heures du soir, la nuit est close, et Louison n'est pas rentrée... Où peut-elle être? Pourquoi cette longue absence? se demandait Alice avec tristesse et inquiétude

Neuf heures, puis dix, personne encore. C'est en vain que la jeune fille, penchée à sa fenêtre, prête l'oreille à tout bruit, que ses yeux essayent de percer l'obscurité qui régnait à ce moment en l'espoir de voir venir celle qu'elle désire et attend avec impatience, dont la longue absence lui cause une inquiétude mortelle.

Alice désespérée sent les larmes s'échapper de ses paupières; désespérée, elle s'éloigne de la fenêtre qu'elle laisse ouverte pour aller se jeter sur un siége et y pleurer à chaudes larmes, le visage caché dans ses mains. Il y avait cinq minutes au plus que notre jeune fille était dans cette position, lorsqu'un léger bruit lui fit lever les yeux et pousser un cri de frayeur en reconnaissant Gaston dans l'homme qui par la fenêtre pénétrait chez elle.

— Que venez-vous faire chez moi à pareille heure, monsieur? demanda Alice d'une voix tremblante.

— Parler avec vous de l'amour que m'ont inspiré vos charmes ravissants, ma divine, répondit Gaston en faisant un mouvement pour s'approcher d'Alice et la saisir dans ses bras, intention à laquelle elle échappa en se jetant vivement en arrière, en s'écriant avec une inflexion de voix pleine d'un mépris accablant :

— Monsieur, je pourrais appeler à mon secours les habitants de cette maison, et vous faire chasser honteusement, mais cela occasionnerait un scandale. Que venez-vous chercher ici en vous y introduisant par la fenêtre comme un malfaiteur? Est-ce de l'argent, du butin? vous savez bien que je suis une pauvre fille qui ne possède rien que son travail.

Malgré tout son aplomb Gaston resta un moment attéré, les lèvres frémissantes et bleues de colère; mais, reprenant aussitôt son audace, sa passion se réveilla plus ardente que jamais, en contemplant le désordre charmant où se trouvait la toilette de la jeune fille, qui pour échapper à la chaleur brûlante de la soirée, avait quitté sa robe et le fichu qui couvrait ses épaules.

Gaston s'empressa de l'entretenir de son amour avec l'expression de la tendresse et des paroles presque respectueuses ; il demanda pardon, d'un air contrit, pour son audacieuse entreprise ; il fallait excuser son délire, avoir pitié de ses souffrances ; il devint timide, égaré, fou, suppliant ; habile comédie jouée en l'espoir d'attendrir Alice et de surprendre son cœur.

Puis, au moment où il croyait l'avoir touché, et comme il cherchait à s'emparer de l'une de ses mains, Alice le repoussa avec mépris en lui disant avec un sangfroid écrasant :

— Vous êtes un habile comédien, monsieur !

Gaston décontenancé fit un geste de surprise et de colère, et fixant sur la jeune fille un regard noir de fureur; il lui répondit :

— Vous trouvez! En ce cas vous êtes bien imprudente, en vérité, de me tenir un pareil langage, lorsque je vous possède là, seule, en mon pouvoir. Merci alors, mademoiselle, car cette conduite étouffe les quelques remords que je pouvais avoir, et, puisqu'au lieu d'en appeler à ma générosité, vous me raillez impitoyablement, changeons de thèse et causons à notre aise, car la nuit sera longue, et mon intention est de ne sortir de cette chambre, où l'on vient de me voir entrer, qu'à la face du soleil. Si l'ennui me prend, eh bien, vous êtes musicienne, vous avez dit-on une voix charmante, vous me chanterez des romances. Oh, pas de surprise, de frayeur, je vous prie. Je reste! telle est ma ferme volonté. Vous craignez le scandale, m'avez-vous dit, or, aisez-vous et résignez-vous, seulement, je dois vous prévenir que plusieurs de mes amis, qui me savent avec vous, passent la nuit en orgie dans la chambre que vous voyez située en face, dont la fenêtre donne sur la vôtre, et que ces mêmes amis m'attendront demain à votre porte pour me complimenter sur mon triomphe et la nuit voluptueuse que j'aurai passée dans vos bras. Enfin, ils m'ont vu entrer, ils me verront sortir, et, certes, ils connaissent trop mon caractère entreprenant auprès des femmes pour croire que nous ayons employé le temps à tout autre chose qu'à faire l'amour.

A ces paroles, pleines d'une froide ironie, et qui révélaient un plan odieux, la pauvre Alice s'alarma véritablement. Elle ne craignait pas la force, elle ne craignait pas le danger, car elle avait au cœur assez de courage pour se sauver par une résolution extrême; mais son âme honnête et sans détour fut effrayée de cette ruse, de cette machination odieuse; et pourtant, comment sortir d'une position si horrible? que faire? Elle avait peur, et sa fierté s'abaissa un moment.

— Au nom du ciel, retirez-vous, monsieur! que vous ai-je fait pour que vous consentiez à perdre aussi froidement et sans motif de haine l'honneur d'une pauvre fille.

— Allons donc! est-ce qu'un voleur, ainsi que vous m'avez qualifié, se retire les mains vides de la maison dans laquelle il a pénétré? Ce que je veux ravir ici, c'est votre cœur, vos caresses, vos délicieux baisers; donnez, ma belle, et je me retire riche et satisfait de ce joli butin dont je suis friand en diable.

La jeune fille, épouvantée et le cœur saisi de terreur, ne put que joindre les mains en implorant Gaston, et tomba presque évanouie sur le siége qui se trouvait près d'elle.

Gaston jugeant le moment propice pour achever sa lâche action, s'approcha vivement d'Alice, il s'empressa de passer son bras autour de sa taille et de prendre un baiser sur ses lèvres décolorées.

Alice rappelée à la vie par ce contact, se releva terrible, le regard foudroyant; elle repoussa Gaston avec un bras duquel l'indignation centuplait la force, puis, elle se précipita dans la première chambre dont elle poussa la porte qu'elle ferma à double tour, avant que Gaston ait eu le temps de s'opposer à cette fuite inattendue. Ce fut vainement que le malheureux jeune homme épuisa sa réthorique pour engager Alice à lui ouvrir, promettant de la respecter, de se retirer même si elle continuait de l'exiger. La jeune fille, qui savait toutes ces promesses menteuses, n'eût garde de céder, et d'ailleurs l'aurait-elle pu, puisque, plus morte que vive, elle venait de s'affaisser sur un siége, en proie à de violentes et douloureuses convulsions : quant à Gaston, après avoir vainement essayé d'enfoncer la porte, ce fut la colère au cœur qu'il se jeta sur une chaise, où il attendit, sans sommeil, le retour du jour.

— Adieu, toute belle, compte sur mon

amour comme sur ma fidélité... à bientôt,
bel ange, cria le jeune homme à travers
la porte, et n'obtenant pas de réponse, pensant qu'Alice s'était endormie, il gagna la
fenêtre, sauta dans le jardin et tomba au
milieu de ses amis qui l'attendaient.

— Eh bien! que vous ai-je dit, mes bons!
La petite n'a pu me résister, fit Gaston à
voix haute.

— Allons, tu es un adroit et heureux
mortel, répliquèrent en riant les amis.

Alice, l'oreille appliquée sur la persienne de la fenêtre, avait entendu ces dernières paroles; déjà sa main saisissait l'es-
pagnolette de la persienne qu'elle allait ouvrir pour jeter un démenti à la face de son
calomniateur, lorsqu'elle vit Gaston s'éloigner suivi de ses dignes complices.

Alors la pauvre fille désespérée se laissa tomber en larmes sur une chaise, où deux heures plus tard la retrouvait Louison, qui, rendue à la liberté, était revenue en toute hâte. Louison, à qui Alice raconta en pleurant sa triste aventure dans tous ses détails.

— Ah! le brigand! voilà donc pourquoi il m'a attirée chez lui et enfermée une nuit entière... Mademoiselle, sans perdre plus de temps il faut aller porter nos plaintes à la justice et lui demander vengeance de cet affreux guet-à-pens.

— Non, Louison, évitons le scandale ; cet homme qui est capable de tout mentirait aux juges et m'accuserait d'être sa complice... Souffrons en silence, ma bonne amie.

— Mais, chère enfant, réfléchissez donc au tort que peut vous occasionner une semblable aventure ; en ne vous plaignant pas, vous donnez raison à ce bandit qui se vante et se vantera en tout lieu d'être votre amant... Trouvez donc un mari après cela.

— Louison, je n'ai jamais pensé à me marier, et encore moins d'après ce qui vient de m'arriver, murmura Alice.

— C'est-à-dire que si nous retrouvions ce bon jeune homme de Ville-d'Avray, ce M. Gilbert qui vous aimait tant, et qu'il fût toujours dans les mêmes intentions...

— Je le reverrais, ma bonne, que je refuserais sa main s'il me l'offrait, car la maîtresse d'un Delmare ne peut devenir la femme d'un honnête homme.

— Mais, chère enfant, vous n'êtes pas la maîtresse de ce libertin, Dieu merci !

— Non, certes. Mais le moyen de prouver que cet homme est un calomniateur?

—Vous le direz, et l'on vous croira.

— On ne me croira pas, Louison; va, je suis une fille perdue, déshonorée, répliqua Alice, sur les joues de laquelle les larmes roulaient comme des perles désenfilées.

— C'est égal, il est malheureux que cette dame Veauluisant soit venue faire de mauvais rapports à votre père sur le compte de ce M. Gilbert et de son ami M. Richard, sans cela, il y aurait longtemps que vous seriez mariée et heureuse; en dépit des cancans de cette Veauluisant, car le jeune homme vous aimait fièrement, allez, made-

moiselle, la preuve est le chagrin morte
que lui causa votre disparition... Vous aussi,
vous l'aimiez bien et l'aimez encore, j'en
suis certaine...

— Louison, ne me parle plus de ce
jeune homme qui m'a oublié sans doute
depuis longtemps.

— Que sait-on? Je gagerais, moi, qu'il
vous aime toujours et qu'il serait heureux
de vous revoir.

Alice, enfoncée dans une triste rêverie,
laissa ces dernières paroles de Louison
sans réponse. Sur le midi, le concierge de
la maison se présenta pour remettre à la
jeune fille une lettre que lui adressait le
propriétaire, ancien entrepreneur de ma-
çonnerie, espèce de bête brute enrichie.
Alice, que cette missive surprenait, s'em-

pressa de décacheter la lettre, et d'en parcourir l'affreux gribouillage ainsi conçu :

« Mademosel. Les personnes onaîtres qui abites ma maison, m'on paurtés leurs pleintes ce matin sur votre conduite candaleuse. Come je ne veut ché moi que des personnes d'une bone vi et non des fames qui reçoive la nui, des amoureux par leurs fenaîtres, jé cui forcé de vous donner congé.

» Jé ben l'oneur d'aîtrs avec le plu promfont raispète vot serviteur, Galoubet, propiétère. »

— Déjà l'insulte et le mépris! s'écria Alice de l'accent du désespoir et toute en larmes.

Louison qui a entendu de la pièce précédente le cri de sa jeune maîtresse, accourt toute inquiète, et voyant Alice pleurer, s'empresse de l'entourer de ses bras en s'informant de la cause de ce violent chagrin. Alice n'a pas la force de répondre, du doigt elle indique à Louison la lettre tombée à ses pieds, lettre que s'empressa de ramasser la servante, pour la parcourir et pousser un : c'est infâme !

— Tu vois, Louison, on me chasse comme une fille de mauvaise vie... Mon Dieu ! n'est-il donc aucun moyen de me justifier? Suis-je donc toute ma vie condamnée à subir la honte injuste que m'a infligée ce misérable?

— Oh ! mais non, car je vais de ce pas trouver cette oie de propriétaire, et lui raconter l'aventure, vous justifier enfin aux yeux des voisins.

Cela dit et sans plus écouter Alice qui

l'appelait, Louison gagna l'escalier et le jardin en courant de toute la vitesse de ses jambes.

IX

Il la retrouve.

Un mois après la triste aventure arrivée à la pauvre Alice, nous pénétrons de nouveau dans les ateliers de Gilbert et de Richard ; dans le premier nous rencontrons le caporal Veau luisant posant en grand costume d'ordre public, le schako tant soit peu incliné sur l'oreille gauche, et le coupe-choux suspendu au côté. Il y a huit jours que le cher propriétaire donne séance à notre jeune peintre; tandis que dans la pièce voisine, Richard de son côté, anime et embellit l'argile en lui donnant la grâce et les formes de Fœdora, posant devant lui sous les attributs et le costume d'une Diane chasseresse. La fenêtre qui éclairait l'atelier de Gilbert s'ouvrait sur un petit jardin situé sur le derrière de la maison et au fond duquel était un bâtiment de triste apparence, élevé de trois étages, modeste demeure habitée par des familles ouvrières qui de leurs fenêtres se plaisaient souvent à plonger leurs regards curieux dans l'atelier du peintre, afin de contempler son travail et d'en suivre les progrès.

Une de ces fenêtres, située sous le comble, vint à s'ouvrir, sans doute pour donner accès aux rayons du beau soleil qu'il faisait ce jour-là dans la modeste chambrette de quelque laborieuse ouvrière. Gilbert qui à ce moment était en train de rectifier le bout du nez du caporal Veauluisant, distrait par le léger bruit qu'avait fait la fenêtre en s'ouvrant, leva machinalement son regard sur ladite fenêtre, puis laissa échapper un cri de joie et de surprise pour s'écrier aussitôt :

— C'est elle! oh oui! je viens de la voir, de la reconnaître.

Alors jetant palette et pinceau, laissant son modèle le nez au vent, notre jeune homme gagne en courant la porte de l'atelier, puis celle de la rue, puis celle de la maison voisine dans laquelle il entre précipitamment, et s'adressant au portier, après avoir passé sa tête à travers un carreau de papier qu'il venait de trouer.

— Voisin Choquet, estimable réparateur de la chaussure de l'espèce humaine, dites-moi vite le nom, la qualité et la profession de la jeune fille du troisième, seconde croisée à droite donnant sur mon jardin.

— Qu'est-ce que t'as, Palmyre, t'es toute pâlotte! dit le portier en s'adressant à son épouse avant de répondre à Gilbert.

— J'ai que ce farceur de mosieur Gilbert vient de me faire une peur affreuse. Ces artistes, ça a des manières à eux de faire des niches que j'en ai le tremblottement dans tous les membres, répondit dame Palmyre, énorme masse de chair enfoncée jusqu'aux épaules, dans une vieille bergère de velours jaune.

— Choquet, mon estimable concitoyen, il ne s'agit nullement de vous apitoyer sur les nerfs de votre légale, mais bien de répondre vivement et correctement aux questions que je viens de vous adresser.

— C'est tout de même le vingt-septième que vous et M. Richard me crèvez de la sorte, afin de vous éviter la peine d'ouvrir la loge, observa piteusement le cerbère.

— Choquet, je demande ta tête aux assises prochaines si tu diffères de me répondre; en cas contraire, je te vote une vitre de soixante-quinze centimes, en récompense de tes vertus civiques. Voyons, quelle est cette jeune fille, son nom, sa qualité?

— Elle demeure ici depuis huit jours, et s'appelle mam'selle Alice Leroux.

— Alice Leroux! c'est bien elle, s'écrie Gilbert joyeux pour aussitôt s'éloigner de la loge et s'élancer sur l'escalier, monter quatre à quatre les trois étages, et aller, frapper au hasard sur la première porte qui se présente à lui. Cette porte s'ouvre et Gilbert pâle, et les jambes flageollantes, reste sur le seuil, la bouche entr'ouverte et sans trouver une seule parole, les yeux voilés par un nuage, même par quelques larmes... ce qui l'empêche de voir le trouble d'Alice qui elle-même debout devant lui rougissait en le reconnaissant, et appuyait la main sur sa poitrine comme pour y contenir l'émotion qui allait en déborder. Ce fut la jolie fille qui, la première, reprit un peu de calme et balbutia ces mots prononcés d'une voix tremblante:

— Monsieur Gilbert, je crois...

— Vous ne vous trompez pas, mademoiselle, oui, c'est bien Gilbert; c'est le malheureux abandonné oublié par vous qui, depuis près d'un an, pleure son amour, son bonheur perdus.

Tout en disant ainsi d'une voix émue et les larmes dans les yeux, Gilbert se posait sur la chaise que venait de lui présenter Alice.

— Par quel hasard, monsieur, ai-je l'avantage de vous recevoir chez moi, et de qui tenez-vous ma demeure? s'informa

Alice d'une voix douce, tremblante, et qui n'osait lever les yeux sur le jeune homme.

— Votre demeure, dites-vous, mademoiselle? reprit Gilbert du ton d'une pénible surprise, en promenant son regard autour de la pauvre mansarde dans laquelle il se trouvait.

— Oui, monsieur, je suis ici chez moi. Alice Leroux ne possède rien autre que les meubles plus que modestes qui garnissent cette chambre.

— Mais monsieur votre père?

— Je l'ai perdu il y a cinq mois, monsieur...

— Hélas! Mais vous étiez son unique enfant, M. Leroux avait une honnête aisance...

— Mon père, noyé par accident, a emporté avec lui dans la tombe le secret de sa fortune.

— Ainsi le malheur, la gêne peut-être, ont été votre seul héritage, à vous, élevée dans l'opulence et le bonheur ! fit tristement Gilbert en fixant sur Alice, qu'il retrouvait encore plus intéressante et plus belle, un regard où se peignaient la pitié et l'amour.

— Le travail, monsieur, est la seule richesse que m'a laissé mon pauvre père, répliqua Alice.

— Le travail !... Pardonnez-moi, mademoiselle, si, profitant du heureux hasard qui nous réunit aujourd'hui, je me permets de vous adresser une demande, celle d'obtenir de vous la révélation du motif qui vous parut assez grave ainsi qu'à monsieur votre père, pour vous forcer de rompre aussi brusquement l'amicale liaison qui s'était établie entre nous, et causer la ruine de mes plus chères espérances.

— Dispensez-moi, monsieur, de répondre à cette demande.

— Pourquoi ce refus, mademoiselle ? ah ! je ne le devine que trop, hélas ! Alice, votre cœur avait cessé de m'aimer, et pour vous affranchir de l'amour que le mien renfermait pour votre adorable personne, vous prîtes la cruelle résolution de me fuir sans pitié, sans réfléchir que, votre absence, votre perte, celle de votre amour seraient pour moi le désespoir, une douleur, un regret éternel, oh oui ! éternel, car depuis ce jour néfaste où vous fûtes ravie à ma tendresse ; mon cœur triste comme la tombe n'a plus goûté de joie : en vain ai-je cherché dans le travail, le monde et ses plaisirs, l'oubli de mes maux et de votre personne, jamais mon âme ulcérée n'y a rencontré ce repos si nécessaire à mon art. Alice, je souffre depuis une année, mais aujourd'hui que le ciel, me prenant en pitié, vous rend à mon amour, ne consentirez-vous pas de me rendre à la vie, au bonheur ?...

Ainsi parlait Gilbert, les mains jointes, d'un accent doux et suppliant, les yeux humides de larmes et tendrement fixés sur ceux de la jeune fille qui, elle-même, troublée jusqu'au fond de l'âme, comprimait avec peine les battements de son cœur.

— Alice, chère Alice! un mot, de grâce!

— Hélas! qu'exigez-vous, monsieur, d'une fille comme moi, sans famille, sans fortune ni avenir?

— Alice, c'est vous seule que je désire; qu'importe que vous soyez pauvre si votre cœur consent à m'aimer; à force d'étude, de travail n'ai-je pas su acquérir le talent qui donne la fortune? Alice, encore une fois, c'est votre possession que j'envie! oui, ayez confiance, devenez ma femme bien-aimée, et à nous le bonheur, la gloire que donnent les arts, et la fortune qui rend la vie douce et facile, disait Gilbert d'un accent persuasif et passionné, en pressant dans les siennes les mains d'Alice, dont il s'était emparé.

— Gilbert, fit enfin la jeune fille, il y a un an que vous me teniez le même langage dans la maison de mon père; mon cœur crédule ajoutait foi à vos douces paroles, et pourtant vous me trompiez alors en assurant n'aimer que moi, moi seule, lorsque votre cœur était plein d'un coupable amour pour une femme mariée.

— O ciel! que dites-vous, Alice? Il y a un an, comme aujourd'hui, mon cœur n'aimait et n'aimera jamais que vous.

— Monsieur Gilbert, nierez-vous votre liaison avec une dame nommée Fœdora Veauluisant?

— Non, mademoiselle, mais cette femme qui avant son mariage fut pour Richard et pour moi une sœur, une amie, n'occupa jamais mon cœur... Mais qui donc vous révéla son existence? demanda Gilbert surpris.

— Elle-même, en venant auprès de mon père réclamer la restitution de certains bijoux qu'elle vous avait confiés dans un moment de gêne.

— La misérable! c'est donc à elle que je suis redevable de votre perte et de toutes mes souffrances!... Alice, cette femme fut pour moi une erreur de jeunesse, et non l'objet que rêvait mon cœur, cet objet charmant digne de tout mon amour, de tous mes respects; l'image enfin que j'ai trouvée en vous.

— Cette femme vous l'avez oubliée, vous ne la revoyez plus?

— Alice, je suis incapable de vous tromper; madame Veauluisant et son mari sont en ce moment chez moi. Oh! ne vous indignez pas, car l'amitié seule amène ces deux personnages chez Richard et chez moi, où je fais le portrait du mari, et Richard la statuette de la femme. Alice, gardez-vous de tout fâcheux soupçon, car, au nom de l'amour pur et sincère que vous m'inspirez, je jure que ma bouche ne vous fait entendre que la vérité.

— Je vous crois, Gilbert, ainsi le veut mon cœur ennemi du mensonge.

— Merci, chère Alice... maintenant, prononcez... Puis-je espérer?

— Gilbert, laissez à mon cœur le temps de se recueillir, et revenez me voir, répondit Alice d'une voix amicale, tout en quittant son siége.

Gilbert, l'heureux Gilbert, ivre d'amour,

d'espérance et de joie, n'osa demander davantage; il prit congé d'Alice après lui avoir promis de revenir le lendemain.

Alice, restée seule dans sa chambrette, avec la joie au cœur, l'unique joie qu'elle eût ressentie depuis une année, se laissa aller à une douce rêverie, d'où la tira le retour de Louison, revenant de course dans la ville.

— Eh bien, Louison?

— Eh bien, ma chère enfant, je n'ai pas reçu un sou, je rentre avec la poche aussi vide qu'elle était lorsque je suis partie ce matin. Une partie des élèves chez lesquelles vous m'avez envoyée sont à la campagne, m'a-t-on répondu, l'autre attend de l'argent et ne peut vous en donner avant quinze jours ou un mois. Plusieurs sont forcées de suspendre les leçons que vous leur donnez pendant quelque temps, et vous prient de ne pas revenir chez elles avant qu'elles ne vous aient fait prévenir. Enfin, je crois que le diable s'en mêle, et si le bon Dieu ne vient à notre secours, nous allons mourir de faim.

— Prends courage et espérons, bonne Louison, fit Alice en s'efforçant de sourire.

— Prendre courage, cela est facile à dire, mais lorsque je sais que vous, chère enfant, élevée dans l'aisance, vous manquez aujourd'hui de pain, qu'hier vous vous êtes couchée l'estomac vide, cela me fend le cœur, me désespère!

— Louison, puisque mes élèves me quittent sans sujet, sans m'expliquer a cause de cet abandon, il faut en chercher d'autres, et en attendant continuer ce travail à l'aiguille que m'a procuré la mercière du quartier.

— Oui, bel ouvrage, ma foi! des corps de fichus à raison d'un sou la pièce. Travailler quatorze heures par jour sur ces chiffons-là pour gagner cinquante centimes, hélas! je ne m'étonne plus si tant de pauvres filles tournent au mal, avec un pareil salaire pour toute ressource.

— Mais, Louison, voilà un mois, depuis que nous avons été renvoyées honteusement de la villa de Montmartre, que nous vivons toutes deux avec ce petit travail.

— En effet, moyennant que nous mangeons du pain la moitié de notre saoul et buvons de l'eau claire... Et vous croyez, chère petite, que je vous verrai plus longtemps endurer ainsi la souffrance de la faim, après que vous avez engagé et vendu tous vos effets pour me nourrir, moi qui ne suis pour vous qu'une lourde charge? Non pas! aussi, ne soyez pas surprise ni fâchée si demain vous me voyez partir dès le petit jour, pour ne revenir que le soir.

— Mon Dieu! pourquoi cette longue absence, Louison? Ah! je conçois que l'aspect de mes pleurs te fatigue, que la misère que je te fais partager te pèse, enfin que tu veux t'affranchir de l'existence de peines et de tortures que tu endures ici!

— C'est ça, accusez-moi d'ingratitude, traitez-moi comme ces cupides servantes dont les bons soins, le zèle s'envolent avec la fortune de leurs pauvres maîtres... Ainsi j'aurais partagé votre bonheur, j'aurais été par vous et feu votre excellent père traitée dans votre maison, seize années non comme une servante mais comme une parente, une amie de la famille et aujourd'hui que vous êtes malheureuse je vous abandonnerais ! Jésus mon doux sauveur, que vous ai-je donc fait, Alice, pour que vous me jugiez si mal? termina Louison en pleurant.

— En effet, ma bonne et fidèle amie, je suis une ingrate, une injuste créature en osant douter de ton dévoûment... Pardonne-moi, chère Louison ; le malheur, vois-tu, aigrit et nous rend injustes, dit Alice en venant s'asseoir sur les genoux de la vieille servante pour l'entourer de ses bras, l'embrasser et essuyer ses larmes.

— Mais aussi, pourquoi, vilaine, me menaces-tu de m'abandonner des journées entières? reprit-elle d'un ton calin.

— Pour aller au lavoir voisin, gagner quarante sous par jour, bonne aubaine que me procure notre blanchisseuse qui consent à m'employer.

— Impossible, ma bonne, tu es trop âgée, trop faible pour te livrer à ce rude travail, aussi n'y consentirai-je jamais... Prends donc un peu de patience, Louison, les élèves vont me revenir avec l'hiver et nous serons alors plus heureuses.

— C'est fort bien, mais nous sommes en juillet et l'hiver ne revient que dans trois mois, d'ici là, nous avons le temps de mourir cent fois de faim.

— Aussi, pour nous garantir de ce malheur je veux travailler jours et nuits.

— Alors ça sera différent, au lieu que ce soit le manque de nourriture qui vous tue, ce sera la fatigue. Pas de ça, mademoiselle et quoi que vous en disiez, malgré vos beaux et généreux scrupules, je ferai ce que je ferai et défense à vous d'y trouver à redire... A propos, quel est donc le visiteur qui est venu ici pendant mon absence, petite dissimulée ?

— J'allais t'en parler, Louison... Devine quel est le jeune homme qui est venu tout à l'heure me dire avec les larmes aux yeux, qu'il m'aimait toujours ?

— Serait-ce par malheur ce misérable

Delmare qui aurait osé se présenter de nouveau ? fit Louison avec inquiétude et colère.

— Non, Louison, mais monsieur Gilbert, qui est notre voisin, et m'ayant reconnu de sa fenêtre s'est empressé de venir me voir et de s'excuser à mes yeux.

— Monsieur Gilbert ! en vérité ? Eh bien oui, mais qui en vous retrouvant orpheline et pauvre, vous aura sans doute entretenu de son amour sans vous parler de mariage comme autrefois.

— C'est ce qui te trompe, Louison, monsieur Gilbert m'a parlé de mariage en termes aussi tendres que respectueux ; enfin d'après ses paroles, il ne tiendrait qu'à moi de devenir sa femme.

—Alors, il faut devenir le plus tôt possible

madame Gilbert, décida Louison joyeuse en frappant ses genoux des deux mains.

— Hélas ! tu oublies donc, chère amie, qu'il ne m'est plus permis de me marier, moi à qui un homme infâme, a imposé le stygmate de la honte, moi qui passe en tout lieu pour avoir été sa maîtresse.

— Cela étant le plus infâme des mensonges, ne peut vous arrêter, répliqua Louison, et d'ailleurs votre funeste aventure est et sera sans doute éternellement ignorée de monsieur Gilbert.

— Louison, crois bien que ce Delmare me sachant mariée pour se venger de mes dédains ne manquerait pas de m'accuser auprès de mon mari, juge alors combien serait terrible la colère de Gilbert et la honte qui me tuerait.

— Chère enfant, mariez-vous, donnez-vous sans crainte à celui qui vous aime et que vous aimez, viennent ensuite les calomnies, alors elles seront impuissantes car votre époux, bien certain d'avoir reçu dans ses bras une vierge exempte de toutes souillures, saura imposer silence aux méchants.

Louison est-ce qu'alors il ne serait pas de mon devoir, d'instruire Gilbert de ce qui est arrivé.

— Non pas ! gardez-vous de cette imprudence, si vous ne préférez que ce bon jeune homme, pour punir le scélérat, n'aille lui demander raison de sa lâche action et peut-être exposer sa chère vie dans un duel meurtrier.

— Tu as raison, ma bonne, ce Delmare

doit être un de ces hommes de sang qu'on appelle duelliste?... Mon Dieu comment donc faire alors ?

— Vous taire, vous laisser épouser et être heureuse, répliqua Louison.

X

Projets de mariage.

Gilbert après avoir quitté Alice était retourné chez lui le cœur joyeux, chez lui où en rentrant dans son atelier il retrouva Veauluisant, qui, modèle docile, n'avait cessé de demeurer dans la même position, c'est-à dire le corps droit et le nez en l'air.

—Arrivez donc, cher ami, je commençais à trouver le temps long et la pose tant soit peu fatiguante, dit le gros homme immobile.

— Cher monsieur, la séance est terminée pour aujourd'hui, répondit Gilbert en essuyant ses pinceaux.

— Quoi! déjà, fit Veauluisant, mais c'est à peine si j'ai posé un quart-d'heure et je crois vous avoir exprimé mon désir que ce portrait soit achevé promptement, voulant en orner la chambre de ma femme à l'occasion de sa fête qui vient dans huit jours.

— Dans trois jours il sera terminé, je vous le promets; en ce moment, une rencontre, un bonheur inespéré qui me met tout en émoi, nuiraient à notre travail et comme je tiens essentiellement à ce que ce portrait fasse autant d'honneur à son original qu'à l'artiste, je préfère suspendre le travail. Or, sans rancune, n'est-ce pas? Comme Gilbert terminait ces mots, Fœdora, ainsi que Richard, ayant de même suspendu leur séance, entraient dans l'atelier.

— Comment, on ne travaille plus ici? dit la jeune femme en souriant.

— Non, bibiche, un certain bonheur, certaine émotion, que sais-je! enfin demande à ce cher Gilbert, dit Veauluisant.

— Que dit donc mon gros loulou et de quel bonheur est-il question? faites-m'en part, Gilbert, afin que je m'en réjouisse avec vous, fit Fœdora.

— Madame, il s'agit tout simplement d'une personne bien aimée, de laquelle m'ont séparé longtemps les propos d'une méchante femme, et dont la vue, le doux son de voix, les amicales paroles viennent de me remplir de joie et d'ivresse.

— Et cette personne est sans doute une femme ? interrogea Fœdora avec amertume en rivant sur Gilbert un regard foudroyant.

— Comme vous le dites, madame, une femme jeune et belle.

— Ah ! ah ! je vous en fais mon compliment... Et cette jeune beauté paraît-elle aussi enchantée que vous de la rencontre ? dit Fœdora, en dissimulant le dépit auquel elle était en proie.

— Elle m'a paru très satisfaite et s'est même empressée de m'assurer que ce ne fut pas sans un violent désespoir qu'elle se vit séparée de moi, d'après la volonté de son père, aux yeux duquel m'avaient noirci la calomnie et la jalousie, répliqua sèchement Gilbert.

— Cette fille est sans doute cette Alice dont vous m'entreteniez l'autre jour, la fille de votre propriétaire de Ville-d'Avray !

— Elle-même, madame.

A cet aveu fait brusquement, le sang reflua au visage de Fœdora qui devint rouge comme une grenade.

— Quoi, il serait possible que tu eusses retrouvé cette charmante fille ? dit Richard.

— Oui, mon ami, plus belle, plus digne de mon amour, de mon intérêt, qu'elle ne le fut jamais.

— Ah çà ! mais où et quel jour as-tu fait cette rencontre dont tu m'as fait mystère ? s'informa Richard.

— Je te conterai ça plus tard, cher ami.

— Ça va sans dire, l'on n'aime peu à parler des affaires de cœur devant les étrangers, en tout cas, mon cher monsieur Gilbert; recevez mes félicitations sur cet heureux évènement qui paraît vous combler de joie, ceux de ma Fœdora aussi, elle qui, ainsi que vous, après une longue séparation, se réjouirait de me presser dans ses bras, si la fatalité venait à nous séparer... n'est-ce pas, bibiche?

— Au lieu de faire des phrases et du pathétique, vous feriez beaucoup mieux de quitter cet uniforme et de reprendre vos habits bourgeois, si mieux vous ne préférez coucher ici, répliqua sèchement Fœdora à son mari.

— Tu as raison, ma reine, d'autant mieux

qu'avant de rentrer à la maison, j'ai à m'occuper d'une affaire importante.

— Gilbert, je reviendrai ce soir, mais il faut absolument que je vous parle ; ne me refusez pas, je le veux ! fit Fœdora d'une voix basse mais impérative, tandis que son mari, occupé de se déshabiller, avait le dos tourné.

— Pourquoi ce soir ? Fœdora, soyez raisonnable... Vous êtes mariée, heureuse, prenez garde de détruire le bonheur dont vous jouissez en voulant vous opposer à celui des autres, répondit Gilbert. Paroles auxquelles la jeune femme ne répondit que par un signe de colère et d'impatience.

Quelques instants après, les époux prenaient congé des deux artistes. A peine demeurés seuls, Gilbert, exempt de toute contrainte, s'empressa de se jeter au cou de Richard en s'écriant :

— Je l'ai retrouvée, cher ami, elle m'aime toujours et me permet de l'aimer... Richard, juge de l'excès de mon bonheur, Alice, Alice deviendra ma femme.

Et sur la demande curieuse de Richard, Gilbert s'empressa de lui raconter comment il avait aperçu et reconnu Alice à sa fenêtre, son ascension jusqu'à la chambrette de la jolie fille, la réception qu'elle lui avait faite ; puis encore la position nécessiteuse dans laquelle il retrouvait l'orpheline qu'ils avaient connue riche.

— N'est-ce pas, Richard, tu me comprends, tu m'approuves de vouloir faire le bonheur et devenir l'époux, le protecteur de celle qui m'aima lorsqu'elle était dans l'opulence et que j'étais pauvre ! N'est-ce pas que tu aimeras ma femme, ma chère Alice ?

— De toute mon âme, c'est-à-dire autant que je t'aime, mon bon Gilbert... Mais j'ai hâte de voir cette charmante fille... ne peux-tu me procurer ce plaisir ?

— Ce soir, Richard, nous monterons chez elle, répliqua Gilbert en conduisant son ami auprès de la fenêtre pour ajouter :

— Tiens, vois-tu cette petite croisée, située au-dessus de la gouttière ? Eh bien ! c'est là qu'elle demeure, la pauvre enfant ; là qu'elle travaille pour vivre, sans autre amie ni protectrice que la vieille Louison, qui n'a pas voulu abandonner sa jeune maîtresse dans le malheur.

— Rien de bien surprenant qu'elle habite

si haut; les anges, lorsqu'ils quittent la terre, se rapprochent du ciel, leur patrie, répliqua Richard en souriant.

— Dis-moi, Richard, je pense que l'état de nos finances me permet d'entrer en ménage, où en sommes-nous?

— Certes, marie-toi, et faisons une noce effroyable par son luxe, nos moyens nous le permettent.

— Voyons, en qualité de caissier, énumère les capitaux.

— Premièrement: cette maison que nous avons achetée et payée quatre-vingt-cinq mille francs; secondement: le mobilier garnissant la susdite, neuf mille francs; plus: en numéraire, soixante-quatorze mille francs. Heim? voilà qui est chichandard, j'espère.

— Mais oui, je ne nous croyais pas si cossus, fit Gilbert en se frottant les mains d'aise... Tout cela gagné en moins d'un an, par notre travail, voilà qui est beau, exemplaire !

— Pardon, cher ami, tu fais erreur, en oubliant que l'héritage de ma vieille tante, décédée il y a huit mois, entre pour les trois quarts dans notre fortune actuelle, observa Richard en souriant.

— C'est juste ! j'oubliais l'héritage de la chère tante, ce qui rogne diablement ma part légitime, alors, fit Gilbert.

— Gilbert, ce que tu dis là est d'une bêtise atroce... Tu sais bien que tout est commun entre nous ; la preuve est que cette maison, payée des deniers de la succession, a été achetée sous nos deux noms, et qu'elle t'appartient autant qu'à moi.

— Richard, tu es un modèle de générosité, cher ami, un homme parfait, qui mériterait tout l'amour de la belle Hélène de Bréville, si la petite sotte ne s'était avisée de s'enticher d'un Gaston de Rieux avant que tu ne la connusses... à propos, quand commences-tu la statuette de cette gentille divinité?..

— Demain, chez elle, la première séance; moment redoutable pour mon cœur, où je vais puiser l'amour tout à mon aise dans la contemplation de ses attraits dangereux, chez elle, d'où je sortirai chaque jour plus amoureux et plus malheureux que jamais!... Gilbert, plains-moi, mon ami, car rien de plus désolant qu'un amour sans espoir, soupira Richard.

— Sans espoir ?... Peut-être !

— Es-tu fou, Gilbert? lorsque Hélène se marie dans huit jours, lorsque cette charmante aime son futur et-en est aimée; tu veux que j'espère ? Il y aurait folie.

— Cependant, si j'insultais ce Gaston, si je le tuais en duel?...

— Il te tuerait; cet homme doit être un duelliste, un bretteur; alors j'aurais, avec la perte de celle que j'aime, à pleurer en plus celle d'un frère bien-aimé.

— Comment, nous ne pourrons venir à bout de faire rompre ce mariage au moyen de quelque bonne découverte; cependant cet homme doit avoir son côté faible, quelque chose sur la conscience capable d'effrayer une jeune fille.

— Ainsi qu'à toi, ce Gaston ne m'inspire nulle confiance. Cet homme, qui ne vous regarde jamais en face, duquel les distractions fréquentes semblent trahir une secrète inquiétude, doit être un coquin ou je me trompe fort.

— Ah! si nous pouvions en acquérir la moindre petite preuve, fit Gilbert.

— N'avons-nous pas essayé? qu'avons-nous recueilli sur son compte? des folies de jeunesse, une grande prodigalité qu'on appelle de la générosité, des dettes comme en ont tous les jeunes gens à la mode. Tout cela n'est pas péché mortel; or, je dois me résigner, mon pauvre Gilbert, termina Richard en soupirant.

Tandis que les deux amis causaient ainsi, Veauluisant, après avoir quitté sa femme en route, s'était dirigé vers la demeure de Julian.

Ce dernier, que le mauvais état de sa santé condamnait à garder la chambre depuis plusieurs jours, en voyant entrer le gros visiteur, se souleva de son siége pour l'accueillir d'une façon toute amicale, et lui avancer un siége.

— Bonjour, mon très cher, comment va cette précieuse santé?...

— On ne peut mieux, mon bon monsieur Julian... Et la vôtre, dit Veauluisant en dévisageant le jeune homme dont le teint pâle et bilieux, les pommettes saillantes et sanguines trahissaient l'état de souffrance.

— Ma santé, très cher, serait parfaite, si

ce n'était ce rhume opiniâtre qui depuis plusieurs jours me fatigue horriblement, mais duquel un habile médecin promet de me débarrasser très promptement... Ça, vous venez me demander à dîner, n'est-ce pas? c'est très gentil de votre part.

— Pardon, mon cher monsieur Julian, mais je ne puis me procurer cette satisfaction, n'ayant pas prévenu Fœdora, ma femme bien-aimée, laquelle se laisserait mourir de faim plutôt que de dîner sans moi.

— Ah! oui, votre charmante Fœdora; comment se porte-t-elle?

— On ne peut mieux.

— Savez-vous, de Veauluisant, que vous possédez la perle des femmes, en grâce et en beauté?

— Vous êtes trop honnête, mon jeune ami; je venais donc pour notre petite affaire... vous savez? cette bagatelle que j'ai été assez heureux pour vous...

— Ah oui, ces cinquante mille francs! comme vous dites, une bagatelle, un rien... Combien y a-t-il de temps déjà que vous êtes l'heureux époux de la divine Fœdora?

— Bientôt deux ans... et je vous avouerai, cher monsieur, que...

— Vous en êtes amoureux autant que le premier jour, je vous crois aisément, une femme admirable, des yeux! un teint, une taille à séduire un saint.

— En effet, Fœdora possède tout cela, et je vous disais donc, ou du moins je vous avouais...

— Que vous êtes jaloux de votre femme? Il est tout naturel, cher, d'être jaloux de ce qu'on aime...

— Ce n'est pas ça que je voulais dire, mais bien qu'ayant besoin de la bagatelle en question...

— Comment, de Veauluisant...

— Veauluisant tout court, s'il vous plaît, n'ayant pas l'honneur de descendre de noble souche.

— J'en suis bien-fâché pour vous mon bien bon ami, mais si le hasard imbécille vous a refusé un titre de noblesse, il me plaît à moi de vous ennoblir! or, mon cher de Veauluisant, un homme comme vous a donc besoin de cinquante mille francs?

— Je vous l'avouerai, cher monsieur, ayant eu la fantaisie de faire, ces jours derniers, l'acquisition d'un nouvel immeuble, une maisonnette de cent soixante mille francs, et comme vous aviez eu l'extrême bonté de m'emprunter la somme en question pour une quinzaine de jours seulement, et que voilà deux mois de passés, je...

— Vous venez me demander ce remboursement? Rien de plus naturel, très cher, rien de plus naturel!... A propos! aimez-vous les noces brillantes accompagnées d'un succulent festin, suivies d'un bal somptueux, rempli de parfums, de femmes et de fleurs?

— Mais oui, cela a son charme.

— Alors, cher bon, je convie, de ma propre autorité, vous ainsi que votre céleste femme, à celle d'un mien ami le comte

Gaston de Rieux, laquelle noce doit avoir lieu sous huitaine. Ayez donc l'extrême obligeance d'en prévenir votre charmante dame...

Voilà la lettre d'invitation, ajouta Julian en s'empressant de tracer les noms de M. et de madame de Veauluisant sur une lettre de mariage qu'il venait de prendre sur son bureau.

— Maintenant, reprit-il en se levant, à huit jours, très cher... mes respects à madame, quant à moi, je vais me coucher, essayer de ressaisir dans un bienfaisant sommeil, la santé et la force nécessaires à un garçon d'honneur, un bon convive et un beau danseur... au revoir, pardon si je ne vous reconduis pas...

Veauluisant, repoussé vers la porte avec

force gracieusetés et salutations, s'éloigna sans plus oser revenir sur sa réclamation, et tout en murmurant entre ses dents

— Cet homme est d'une politesse écrasante.

Le soir de ce même jour l'empressé Gilbert accompagné de Richard se présentait timidement chez Alice qu'il retrouvait cette fois, en compagnie de Louison, toutes deux assises à côté l'une de l'autre et occupées d'un travail à l'aiguille. Après avoir ouvert elle-même aux deux visiteurs et reconnu Gilbert, Alice sentit son cœur battre de plaisir et les couleurs de la rose empourprer son visage.

— Bonsoir, mademoiselle Alice... Y a-t-il importunité de la part de mon ami

Richard et de la mienne de venir à cette heure vous souhaiter le bonsoir?

— Non, messieurs, soyez les bienvenus, répliqua Alice en offrant des chaises aux deux jeunes gens, qui s'empressèrent de s'asseoir et de renouveller connaissance avec Louison qui les accueillait avec non moins de politesse que sa jeune maîtresse. Alice avait repris sa place et son ouvrage afin de se donner une contenance et de dissimuler l'émotion qui agitait son pauvre cœur.

— Vraiment, mesdames, nous étions bien loin de nous douter que nous jouissions du bonheur d'être vos voisins, dit Richard afin d'entamer une conversation qui se faisait attendre.

— Et encore plus surpris, n'est-ce pas,

messieurs, en retrouvant dans une mansarde, pauvre et travaillant pour exister, une belle et bonne demoiselle que vous aviez laissée heureuse et riche, répondit Louison.

— Dites plus peinés que surpris, Louison, il est de ces fatalités qu'on ne peut prévoir, fit Gilbert, mais dont il ne faut jamais s'étonner, le sort est si capricieux !

— La preuve, Gilbert et moi qui tirions il y a un an, le diable par les cheveux, et aujourd'hui, soit dit sans vanité, nous avons l'avantage de faire partie de l'honorable corps de messieurs les propriétaires.

— Ah, vous êtes devenus des richards ? Tant mieux, car vous êtes de bons jeunes gens qui méritez d'être heureux, fit Louison.

— De bons enfants ! oh, vous avez raison, brave dame, ajoutez même ; qui ne demandent pas mieux que de partager ce qu'ils possèdent avec ceux qu'ils aiment et estiment, répliqua le statuaire en fixant Alice qui levait en ce moment son regard timide pour répondre à des paroles que venait de lui adresser Gilbert assis près d'elle.

— Ah vous êtes des partageux ? franchement cela ne se rencontre guère surtout chez les gens qui possèdent, observa Louison en riant.

— N'agiriez-vous pas de même, bonne dame ?

— Cela dépend ! fit la vieille.

— Mais en cette circonstance par exemple, où deux jeunes gens qui s'aiment avec ardeur, après avoir été séparés longtemps, se retrouvent toujours épris l'un de l'autre dignes de cet amour mutuel et libres tous deux de leur sort. N'est-il pas alors de toute justice que l'un des deux qui possède partage avec l'autre au moyen d'un heureux et prompt hymen? Ce qui signifie que monsieur Armand Gilbert vient demander ma-mademoiselle Alice Leroux en légitime mariage parlant à sa personne, vu que ladite demoiselle étant orpheline, il n'est besoin d'autre consentement que le sien.

Ces paroles de Richard firent violemment monter le rouge au visage d'Alice, émue, tremblante et des doigts de laquelle venait de s'échapper l'aiguille.

— Alice, vous venez d'entendre ce que vient de dire mon ami? répondez. Consentez-vous à devenir ma femme bien-aimée, à me confier votre bonheur, enfin, à accepter pour mari celui qui, après vous avoir aimée quand vous étiez riche et heureuse, vous adore et vous révère, aujourd'hui que l'adversité pèse sur vous, sur vous Alice qui êtes un ange éprouvé de Dieu.

En écoutant cette honorable proposition, faite d'une voix douce et suppliante, Alice sentit ses yeux se voiler des larmes du bonheur et de l'attendrissement; puis, levant son regard velouté vers Gilbert :

— L'alliance que me propose votre cœur noble et généreux, monsieur, me rend heureuse et fière; ce que mon cœur désirait il y a un an, est encore aujourd'hui le plus cher de ses vœux, car je n'ai jamais cessé de vous aimer et de penser à vous, Gilbert. C'est donc avec la joie la plus vive, et certaine d'être la plus heureuse des femmes, que j'accepterai avec orgueil le titre de votre épouse. Mais, avant de rien conclure, réfléchissez encore, monsieur, que la fille à qui vous voulez vous unir, privée de tout espoir de fortune, ne peut vous apporter pour tout avoir que son cœur et sa reconnaissance.

— Son cœur, sa reconnaissance, beaucoup d'attraits et de talents, fichtre! voilà, selon moi, la dot la plus riche, la plus belle qu'un honnête homme puisse envier... n'est-ce pas, Gilbert? fit Richard.

— C'est ce que j'allais répondre, mon bon ami. Et maintenant quand la noce? dit Gilbert en prenant la main d'Alice pour y déposer un baiser.

— Mon Dieu! que sais-je? est-ce donc à

moi d'ordonner, répliqua Alice avec un aimable sourire.

— Eh bien! dans quinze jours, indiqua Gilbert.

— Dans quinze jours! répéta Richard à son tour ; qu'en dites-vous, Louison? ajouta le jeune homme en s'adressant à la vieille et fidèle servante, de qui la joie et l'attendrissement avaient métamorphosé les yeux en borne-fontaine.

— Oui, oui! dans quinze jours, répondit Louison, en essuyant ses larmes ; dans quinze jours, et que mon bon maître, qui est en ce moment au ciel avec le bon Dieu, vous bénisse comme vous méritez de l'être, braves et généreux enfants, vous qui venez au secours de l'orpheline et la glorifiez. Oh oui, soyez bénis, mille fois bénis, ajouta la bonne vieille en tombant aux genoux de Gilbert pour les embrasser et les mouiller de ses larmes.

Gilbert, attendri, s'empressa de relever la bonne femme, en l'embrassant, et Richard, en lui pressant les mains, de l'élever à la dignité de dame de compagnie et d'intendante générale de la maison Gilbert et compagnie, en récompense de son beau dévoûment envers sa jeune maîtresse.

— Ainsi, mes amis, vous voilà d'accords et heureux ; il ne s'agit plus que de s'occuper vivement des formalités nécessaires pour la célébration de votre mariage, dit Richard.

— Ah ça, et vous monsieur Richard, ne pensez-vous pas aussi à prendre une gentille ménagère qui vous rendra aussi heureux que vous méritez de l'être? demanda Louison.

— Louison, j'ai aussi fait choix de la femme selon mon cœur, répondit gaîment le jeune homme; seulement, il n'y a qu'un petit désagrément, c'est que cette jolie fille, qui est richissime, en aime un autre avec lequel elle va se marier, à mon grand regret, ajouta Richard en laissant expirer le sourire qui dilatait ses lèvres.

— Cette demoiselle n'a pas le sens commun en ne vous donnant pas la préférence, s'écria Louison indignée.

— Venez-vous de parler sérieusement, monsieur Richard? serait-ce possible que vous aimassiez sans espoir de retour ni de bonheur? interrogea Alice avec inquiétude.

— Hélas! oui, rien n'est plus vrai, chère Alice, sans cette philosophie dont m'a doué dame nature, et qui me donne la force de maîtriser la plaie dont souffre mon pauvre cœur, mon visage ne vous offrirait que les traits d'un amant désolé.

— Hélas! combien je vous plains; il est si cruel d'aimer sans espoir, fit tristement Alice.

— De grâce, cessez de plaindre un fou imbécille de mon espèce, qui se permet de s'amouracher d'une fille de condition, et deux fois millionnaire, lui pauvre artiste, dont le talent et la réputation n'en sont encore qu'à leur aurore, répliqua Richard.

— Allons, ne t'humilie pas ainsi, mon bon

Richard, et de ta déception amoureuse n'accuse que le hasard qui t'a fait connaître trop tard, et lorsque son cœur était engagé, mademoiselle Hélène de Bréville.

— Hélène de Bréville! oh mais je la connais beaucoup; c'est une de mes meilleures amies de pension, la plus belle, la plus noble des filles, s'écria Alice.

— Vous la connaissez? Oh! n'est-ce pas qu'elle est bien belle? dit Richard avec feu.

— Oui, oui, belle et bonne, digne en tout d'être aimée et heureuse.

— La voyez-vous souvent, Alice? s'informa Gilbert.

— Autrefois j'allais la voir chez sa mère, où nous passions ensemble d'heureuses journées; elle venait aussi à notre maison de Ville-d'Avray, où elle se plaisait beaucoup; mais hélas! depuis la mort de mon bon père, depuis que le malheur m'a frappée, je n'ai pas osé me représenter chez Hélène, qui sans doute me croit bien loin d'elle! termina Alice en soupirant.

— Et à laquelle je présenterai prochainement ma chère femme en la personne de son ancienne amie, Alice Leroux, qu'Hélène sera heureuse de retrouver et d'aimer encore, fit Gilbert.

— Merci, merci, Gilbert, ce jour sera un des plus heureux de ma vie, seulement, veuillez jusque là garder le silence sur ma personne et sur nos projets, car je suis persuadée que si Hélène découvrait ma demeure, elle s'empresserait d'accourir à moi pour m'embrasser, et mon amour-propre aurait trop à souffrir de la recevoir dans ce triste réduit, indigne de sa présence.

Gilbert s'empressa de promettre le secret d'autant mieux qu'il désirait ménager la surprise qu'ils réservaient à Hélène le jour de leur mariage, auquel ils ne pouvaient se dispenser de l'inviter.

Encore une longue et intime causerie entre nos jeunes gens, laquelle se prolongea jusqu'à onze heures, où, après avoir pris congé d'Alice, et en rentrant chez eux, Gilbert et Richard furent tout surpris d'y trouver Fœdora, laquelle attendait leur retour en sommeillant sur un divan du salon.

Le bruit que firent les jeunes gens réveilla la jeune femme, qui après avoir ouvert les yeux, voyant Richard et Gilbert debout devant elle, le sourire sur les lèvres, se jeta en bas du siége, et se redressant majestueusement, fixa sur Gilbert un regard courroucé :

— D'où venez-vous, Gilbert ? demanda-t-elle d'une voix impérieuse.

— Ma chère et bonne amie, je vous demanderai de quel droit vous m'interrogez sur mes actions, répondit Gilbert en souriant.

— Ne vous avais-je pas dit de m'attendre, que je viendrais ce soir, désirant avoir avec vous une sérieuse explication ?

— Je me souviens aussi, Fœdora, de vous avoir recommandé, sur le même diapason, de ne pas vous déranger, et de ne pas vous compromettre aux yeux de l'honnête et excellent homme qui vous a donné son nom. L'homme enfin envers qui vous êtes redevable de reconnaissance et de respect, si ce n'est d'amour.

— Que signifie ce langage? vous devenez moraliste, c'est fâcheux à votre âge... Il est en vérité très divertissant d'entendre le serpent corrupteur faire de la morale à celle qu'il a fait tomber dans le péché, répliqua Fœdora d'un ton sardonique : qu'en pensez-vous, Richard ?

— Moi, rien, mais allez toujours, mes amours, votre petit dialogue me réjouit fort, répondit Richard enfoncé dans un fauteuil tout en se roulant les pouces.

— Ah çà ! je savais d'avance que vous donneriez raison à Gilbert, vous ne valez pas mieux que lui, reprit la jeune femme avec aigreur.

— Une fois pour toutes, Fœdora, que me voulez-vous ? fit Gilbert avec humeur.

— Savoir s'il est vrai que vous ayez retrouvé cette petite fille de Ville-d'Avray, et s'il en était ainsi, vous défendre de la revoir, si mieux vous ne préférez que je lui arrache les yeux et les vôtres ensuite.

— Voilà qui est parlé énergiquement ou je ne m'y connais pas, dit Richard en riant.

— Fœdora, en faveur de bons souvenirs, je vous répondrai avec calme qu'il est très vrai que j'ai retrouvé la petite fille de Ville-d'Avray dont je suis passionnément épris, et qui sera ma femme dans quinze jours.

— Gilbert, c'est pour la torturer méchamment que vous dites de semblables choses à la femme qui vous aime, car ceci est mensonge, n'est-ce pas ? reprit Fœdora tremblante et la pâleur aux lèvres.

— Cela est de toute vérité, demandez plutôt à Richard, qui ce soir, a été témoin de la promesse de mariage que j'ai faite à mademoiselle Alice Leroux.

— Ainsi Gilbert, vous me quittez ?

— Non pas, à vous mon amitié pour la vie.

— Ainsi, vous allez vous marier ?

— Pourquoi n'en ferais-je pas autant que vous ?

— Gilbert, vous ne me ferez pas ce chagrin mortel, à moi qui vous aime tant !

— Fœdora, cessons cette comédie qui me fatigue et m'ennuie. Je prétends être le maître de mes actions, et si elles ont le malheur de vous déplaire, restez dans votre ménage, et laissez-moi en repos, répliqua le jeune peintre avec humeur.

— Gilbert, je vous défends de vous marier, entendez-vous! s'écria Fœdora avec colère et en frappant du pied.

— Allez au diable! répliqua Gilbert sur le même ton.

— Prenez garde, Gilbert, je me vengerai de votre perfidie!

— Par grâce! Richard, fais donc entendre raison à cette extravagante, si toutefois cela est possible.

— Fœdora, ma mignonne, vous êtes tant peu fatigante, exigeante et entêtée. Nous vous avons choyée, adorée, idolâtrée, trois années consécutives. Vers le déclin de ce long trimestre et par une belle matinée d'automne, au moment où, nous croyant chéris de vous sans partage et à perpétuité, vous vîntes nous avouer sans rougir, il est vrai, que désireuse de vous affranchir du sort peu confortable, c'est encore vrai, que vous assurait le titre de notre amante, vous étiez décidée à accepter les offres honorables que vous adressait votre sensible propriétaire M. Veauluisant, lequel, ajoutâtes-vous, mettait à vos pieds mignons son cœur, sa main et ses richesses. Fœdora, souvenez-vous combien ce coup nous fut sensible, à nous qui vous adorions sans partage. Eh bien! lorsque vous nous eûtes expliqué, prouvé qu'il s'agissait de votre avenir, de votre fortune, de votre bonheur, nous nous résignâmes le cœur navré, et vous accordâmes le droit d'aller vous prosterner aux pieds de M. le maire,

celui de devenir femme et d'avoir famille.
Sacrifice généreux qui déchirait notre âme
et noyait notre cœur, et après un semblable sacrifice; lorsqu'aujourd'hui nous venons à notre tour vous dire : Fœdora, nous désirons prendre femme et mettre pot au feu au logis, vous jetez feu et flamme et parlez de vengeance. Fœdora, cela est indigne d'une belle âme, un crime de lèse-amitié, de l'ingratitude numéro un, convenez-en !

— Vous m'ennuyez, mon cher, répliqua sèchement la jeune femme qui, s'étant assise dans un coin, essuyait les larmes de dépit qui s'échappaient de ses yeux.

— Cette réponse candide, ô Fœdora ! me donne presque l'envie de vous raconter la véridique et déplorable histoire d'une

épouse adultère intitulée Marguerite de
Bourgogne, que son royal époux fit étrangler dans un cachot où il l'avait fait enfermer en punition de ses fredaines avec un
certain Gauthier d'Aulnay. Cela, ô Fœdora!
dans l'intention de vous remettre dans le
droit chemin, de vous rappeler que vous
avez juré fidélité à votre époux, et que l'adultère est un crime qui tôt ou tard reçoit
sa punition. Maintenant, chère et jolie
pécheresse, acceptez mon bras et gagnons
ensemble la voiture qui doit vous ramener
convertie et repentante au toit conjugal, vu
que l'airain sonore va tinter la douzième
heure du soir, et que les bras amoureux
d'un époux réclament vos précieux attraits,
termina Richard en quittant son siège pour
se rapprocher de Fœdora, tandis que Gil-

bert impatienté et qui s'était retiré dans l'embrasure d'une fenêtre, avec ses doigts exécutait l'air de la retraite en frappant sur les vitres.

— Gilbert, je reviendrai demain, n'est-ce pas? dit la jeune femme.

— Demain, après et toujours si bon vous semble, ma chère, pourvu que vous ne vous avisiez plus de vous mêler de mes affaires, ni de m'imposer vos ridicules prétentions, répliqua sèchement le jeune homme.

Fœdora ne répondit à ces paroles que par un regard courroucé, et quitta le salon, puis la maison, suivie de Richard qui l'accompagna jusqu'à la voiture qui l'avait amenée, et l'attendait à l'entrée de la rue

Pigale. Pas un mot n'avait été échangé durant ce court trajet entre les deux jeunes gens.

XI

Imposture.

Plusieurs jours après ce qu'on vient de lire dans le précédent chapitre, un valet entrait dans la chambre de Julian pour lui remettre son courrier et ses journaux. Resté seul, Julian s'empressa d'examiner l'une après l'autre les lettres qu'on venait de lui apporter pour les jeter dédaigneusement sur la table et sans les ouvrir au fur et à mesure qu'il reconnaissait sur la suscription l'écriture d'une maîtresse ou ou celle d'un créancier.

— Ah ah ! une lettre de ma mère... que m'écrit encore la brave femme ? des plaintes, des jérémiades, une nouvelle demande d'argent, son refrain continuel... En vérité, elle me prend pour un millionnaire.

Tout en disant ainsi, Julian brisait avec indifférence et lenteur le cachet de ladite lettre, afin de prendre connaissance de son contenu :

« Mon fieux, je profite de la bonne vo-
» lonté de maître Claudet, le sonneur de
» cloches de notre cathédrale qui veut bien

» t'écrire pour moi et t'apprendre qu'ayant
» perdu le maître chez lequel je ser-
» vais depuis trois ans en qualité de cui-
» sinière, je me suis trouvée deux mois
» sans place et forcée de dépenser pour
» vivre les pauvres économies que j'avais
» amassées avec beaucoup de peine, ce qui
» fait que me trouvant sans condition ni
» argent, je me vois forcée d'avoir recours
» à toi cette fois encore, pour m'en en-
» voyer le plus tôt possible. Jean Gibon,
» mon voisin qui a été à Paris il y a quinze
» jours et que j'avais prié de prendre des
» informations sur toi, m'a rapporté que
» tu es riche tout plein, que tu mènes la
» vie d'un grand seigneur et qu'il ne dé-
» pend que de ta volonté de me laisser vivre
» à rien faire moyennant une petite pen-

» sion que tu me ferais. C'est donc pour-
» quoi mon fieux, je ne me gêne pas pour
» t'écrire de m'envoyer au plutôt une pe-
» tite somme bien rondelette car je me fais
» vieille et le travail me fatigue. Je compte
» donc sur ton bon cœur pour arranger
» cette affaire gentiment car il en coûterait
» trop à ta mère de s'adresser à la justice
» pour obtenir ce que tu lui dois en qua-
» lité de bon fils et en échange de la belle
» éducation qu'elle t'a donné. Dépêche-toi
» donc de m'écrire, mon fieux, et surtout
» de m'envoyer l'argent que je te demande
» vu que je suis tellement gênée en ce
» moment, qu'il m'a fallu accepter la con-
» dition de servante chez une bourgeoise
» de notre ville de Chartres, nommée ma-
» demoiselle Véronique Leroux, qu'on dit

» riche à million, et d'une avarice sordide
» au point de se laisser mourir de faim la
» plus part du temps ainsi que celle qui a
» le malheur de la servir bien entendu. Ce
» qu'il y a de pis c'est que cette vieille
» crasseuse n'a pour tout héritier qu'une
» nièce qui habite Paris et qu'elle laisse,
» dit-on, dans la misère. Tu dois penser
» fieux, si je dois me trouver à mon aise
» chez une cancre pareille. Je finis par te
» dire que je suis ta mère qui t'embrasse,
» Marianne Langenais. »

Julian après avoir lu lentement le dernier paragraphe de la lettre, et s'être arrêté longtemps sur les noms de Véronique Leroux, puis encore sur ces mots : n'a pour héritier qu'une nièce qui habite Paris, et qu'elle laisse dans la misère, Julian donc se mit à réfléchir, puis il s'écria :

— Si c'était elle?... héritière unique!... Décidément je veux aller à Chartres, afin d'éclaircir ce doute... Il serait vraiment plaisant que celui qui a tué le père devint l'époux de la fille... hasard! audace! voilà de vos coups!

Et se rappelant qu'il était de noce ce jour-là, voyant la pendule indiquer la onzième heure du matin, Julian sonna et donna l'ordre à son valet de l'habiller. Pour la seconde fois, nous retrouvons encore l'hôtel de Bréville tout en fête, éclairé par mille bougies, tout retentissant d'harmonie, et encombré d'une foule joyeuse et parée. Dans le salon les quadrilles tourbillonnent. Cette fête luxueuse est celle des noces de la fille de la maison, Hélène de Bréville s'est mariée le matin à M. Gaston de Rieux. La jeune mariée est doublement brillante de charmes et de parure, l'aimable sourire suspendu à ses lèvres annonce qu'elle est heureuse et tranquille sur l'avenir. Gaston est auprès d'elle, il semble l'entourer de soins et d'adoration. Madame de Bréville, heureuse du bonheur de sa fille, se multiplie pour faire avec grâce les honneurs de sa maison.

Julian, dont la pâleur semble trahir une souffrance interne, circule triste et silencieux d'un salon dans un autre, sans prendre sa part de la joie ni de la danse. Un gros monsieur, dont la fine chemise de batiste est fermée par deux gros diamants, l'aborde en riant. C'est Veauluisant qui profite de ce que sa femme danse en ce moment pour se promener de quadrille en quadrille, et lorgner les jolies femmes tout à son aise.

— Ah! c'est vous, cher ami, fit le Veauluisant en prenant la main de Julian pour la presser avec effusion, je suis enchanté de vous rencontrer, je vous cherchais dans cette foule.

— Est-ce encore pour me parler de la chose?...

— De mes cinquante mille francs? fi donc! Quand je suis en fête, j'oublie les affaires, mais puisque vous me remettez sur la voie, quand vous pourrez, vous savez? ça me fera plaisir... ce soir, très cher, je ne souhaitais qu'une chose, vous remercier de m'avoir invité à cette superbe noce où je m'amuse comme un Dieu, Fœdora aussi, elle qui adore le beau monde.

— Où donc est-elle, cette charmante femme?

— Elle danse en ce moment avec le marié... là-bas, sous le lustre... voyez-vous?...

— Très bien! savez-vous qu'elle est admirablement belle ainsi parée, observa Julian.

— Oh! très bien, très bien! fit Veauluisant.

— A faire envier votre sort, heureux coquin... Ah çà! où diable avez-vous été chercher une aussi jolie femme?

— Dans une de mes maisons dont elle était locataire, elle me vit, je la vis, et nous nous aimâmes, répondit avec fatuité le gros homme en se dandinant sur ses hanches.

Un instant plus tard, Julian allait s'asseoir à côté de Fœdora, qui après le quadrille, était venue reprendre sa place.

— Savez-vous, toute belle, que je disais à votre mari, il n'y a qu'un instant, que vous étiez la reine de ce bal, en beauté, en grâce et en parure, disait Julian.

— Vous connaissant aimable et galant,

cela ne me surprend pas de votre part, répliqua Fœdora.

— Quel dommage! que d'être tant cruelle quand on est belle comme vous!

— Qui donc m'a fait cette réputation de cruauté dont il vous plaît de m'entretenir?. demanda la jeune femme en riant.

— Votre rigueur envers l'amour que vos beaux yeux m'inspirent, amour sincère, brûlant, dont je ne cesse de vous entretenir depuis que je vous connais, et devant lequel vous demeurez froide, insensible.

— Prenez-vous le cœur d'une femme pour un hôtel garni où l'on admet sans difficulté tous ceux qui frappent à sa porte? En ce cas je vous répondrai : il n'y a pas de place vacante en ce moment.

— Quoi! belle Fœdora, votre cœur serait occupé? quel est l'heureux mortel?

— Mon mari!

— Allons donc! quelle plaisanterie!

— Comment, quelle plaisanterie? que trouvez-vous donc de surprenant à cela? n'est-ce pas le devoir d'une femme que d'aimer son mari?

— Certainement, de l'aimer d'amitié, et son amant d'amour.

— Voilà une morale tout à fait élastique, et de laquelle je ne vous ferai pas mon compliment.

— Cependant vous la comprenez?

— Du tout!

— Et ne la partagez nullement?

— Nullement, répliqua vivement Fœdora.

— Menteuse!

— Merci du compliment.

— Je ne me dédis pas, car je sais...

— Que savez-vous? reprit Fœdora en fixant Julian.

— Que ce petit cœur, qui fait si fort le puritain, n'est pas demeuré insensible aux soupirs, aux soins d'un certain M. Gilbert.

— C'est faux! Gilbert n'est pour moi qu'un ami.

— Qu'un amant, voulez-vous dire?

— Un ami, je vous le répète, et la preuve est que s'il était mon amant, mon amant aimé enfin, vous ne me verriez pas ce soir à la noce aussi gaie qu'insouciante.

— Parce qu'il n'est pas présent à cette noce, sans doute?

— Non, pas cela, mais parce que Gilbert se marie dans quatre jours, répliqua Fœdora d'un accent dans lequel perçait l'émotion qu'elle s'efforçait de dissimuler.

— Ah ah! et quelle sorte de femme épouse-t-il? s'informa Julian.

— Rien du tout, une petite pianoteuse pauvre comme Job, intitulée Alice Leroux.

— Alice Leroux! exclama Julian avec trouble et surprise, en pensant que cette jeune fille était peut-être celle que sa mère citait dans la lettre qu'il avait reçue le matin. Alice Leroux, reprit-il, Gilbert ne connaît donc pas cette fille.

— Pardon! depuis quinze mois, répliqua Fœdora.

— Mais depuis ce temps il doit l'avoir perdue de vue?

— En effet, près d'une année. Ah ça! est-ce que par hasard vous sauriez quelque chose de croustillant sur le compte de cette petite? interrogea vivement Fœdora.

— Peut-être, fit Julian.

— Oh! contez-moi ça, je vous en prie, reprit la jeune femme d'un ton empressé et suppliant.

— Pourquoi ce désir curieux ?

— Parce que... Allons, parlez, parlez vite.

— Belle Fœdora, vous aimez Gilbert, son mariage vous contrarie, et vous ne seriez pas fâchée du tout de connaître quelque chose qui puisse le faire manquer.

— Ma foi, non! dit Fœdora d'un air insouciant. Ainsi, vous ne voulez rien me dire ?

— Si, et même vous donner une arme terrible qui tuera votre rivale et vous rendra le cœur de votre amant.

— Parlez donc, je vous en supplie !

— Que me donnerez-vous en échange de mon indiscrétion ?

— Mon amitié !

— Soit! accompagnée d'un baiser que vous viendrez prendre chez moi demain, sur le midi.

— Aller chez vous... par exemple !

— Alors, je garde mon secret... c'est dommage pour vous.

— Voyons, soyez gentil ; ne vendez pas si cher vos services... Vous dites donc que cette Alice Leroux est une petite farceuse ?

— Viendrez-vous demain au rendez-vous ?

— Peut-être.

— Pas d'hésitation, je veux une franche promesse.

— Au moins êtes-vous bien certain que ce que vous devez m'apprendre soit assez grave pour indisposer Gilbert au point de le décider à rompre son mariage ?

— Certes, dix fois plus qu'il ne faut... Viendrez-vous demain chez moi ?

— Oui, instruisez-moi donc.

— Votre parole d'honneur?

— Je vous la donne... Parlez, disait impatiemment Fœdora.

— Ma toute belle, cette Alice n'est autre que la maîtresse de Gaston de Rieux, duquel nous célébrons la noce aujourd'hui.

— Il se pourrait! fit joyeusement Fœdora.

— Rien de plus vrai, et cependant j'en doutais, aussi curieux d'en acquérir la certitude, je vis de mes propres yeux, Gaston, pénétrer un soir chez Alice, pour n'en sortir que le matin à la face du soleil.

— Fort bien! mais comment fournir à Gilbert la preuve de ce méfait qu'il taxera d'imposture?

— Rien de plus facile : la belle habitait, il y a quatre mois, la villa de Montmartre, alors que Gilbert prenne la peine d'aller s'informer auprès des locataires de cette maison, si l'amant de mademoiselle Alice Leroux n'avait pas pour habitude de s'introduire le soir chez elle par la fenêtre.

— Et vous êtes certain, Julian, qu'on affirmera la chose ?

— Sans doute, et le propriétaire tout le premier, lui qui, scandalisé de la conduite de la chère petite, s'est empressé de lui donner congé.

— Tenez, Julian, ce que vous m'apprenez là me surprend à un tel point, que pour le croire entièrement, il ne me faut pas moins que d'entendre la bouche de Gaston m'en donner l'assurance... à ce prix je mets la visite que vous exigez de moi.

— Comment, vous doutez de mes paroles ? fit Julian de l'accent du reproche.

— Oui et non, mais je voudrais être

certaine qu'à la rigueur Gaston ne nierait pas le fait, répliqua Fœdora.

— Pour cela, non.

— Voyons, voulez-vous lui en toucher quelques mots devant moi?

— Venez donc, belle incrédule, aussi bien, le voilà qui se dirige de notre côté.

Un signe que fit Julian amena Gaston près d'eux.

— Assieds-toi là un instant, j'ai quelques questions à t'adresser, dit Julian en indiquant au marié une chaise placée devant Fœdora.

— J'écoute, mais hâte-toi; car ce soir je ne m'appartiens pas, dit Gaston, en s'asseyant.

Réponds : comment se nomme cette petite que tu as eu pour maîtresse à Montmartre, et chez laquelle tu entrais par la fenêtre?

— Ah ! la petite Alice Leroux... Pourquoi cette question ?

— Parce que notre belle Fœdora, qui se plaît à sanctifier cette fille, ose mettre sa conquête en doute.

— Monsieur Gaston, là, vrai, sans forfanterie, avez-vous réellement été l'amant de cette fille, ainsi que l'assure Julian ?

— Ce que je puis vous répondre sur l'honneur, ma toute belle, est d'avoir passé une nuit d'amour chez cette jolie fille.

— Je vous crois et vous remercie de cet aveu, au nom de ce pauvre Gilbert qui, prenant cette petite hypocrite pour une sainte Vierge, allait sottement l'épouser.

— Le pauvre garçon ! au fait, pourquoi l'empêcher de faire une bonne action ? répondit Gaston en riant aux éclats.

FIN DU PREMIER VOLUME.

TABLE DES CHAPITRES

		Pages
Chap.	I. La mansarde de l'artiste.	1
—	II. Deux sages qui se retirent du monde.	25
—	III. Bonheur et déception.	49
—	IV. Un an après.	73
—	V. Un bal chez des artistes. . . .	117
—	VI. Sur la butte Montmartre . . .	145
—	VII. Incidents divers	177
—	VIII. Une fille compromise.	225
—	IX. Il la retrouve.	247
—	X. Projets de mariage. . .	273
—	XI. Impostures. . . .	347

FIN DE LA TABLE.

Fontainebleau. — Imp. de E. Jacquin.

ALEXANDRE CADOT

ÉDITEUR, 37, RUE SERPENTE, A PARIS.

Les lettres non affranchies seront refusées.

DERNIÈRES NOUVEAUTÉS TERMINÉES.
SEPTEMBRE 1856.

La Demoiselle du cinquième, par P. DE KOCK. — 6 vol. 30 fr.

Mademoiselle la Ruine, par XAVIER DE MONTÉPIN et E. CAPENDU. — 5 vol. 22 fr. 50 c.

Le Beau Favori, par le marquis de FOUDRAS. 3 vol. 13 fr. 50 c.

Le Lièvre de mon Grand-Père, par A. DUMAS. — 1 vol. 5 fr.

— 2 —

Les Couteaux d'Or, par Paul Féval,
2 vol. 8 fr.

L'Aveugle de Bagnolet, par Ch. Deslys.
3 vol. 13 fr. 50 c.

La Nanette, par Prosper Vialon.
3 vol. 12 fr.

Les Cœurs d'Or, par Marc Leprevost.
3 vol. 12 fr.

Un Carnaval à Paris, par Méry.
3 vol. 13 fr. 50 c.

Les Fils de Famille, par Eugène Sue.
9 vol. 45 fr.

Le Batteur d'estrades, par P. Duplessis
3 vol. 13 fr. 50 c.

La Fille de la Vierge, par Paul Duplessis,
2ᵉ et dernière partie du *Batteur d'Estrades*.
5 vol. 22 fr. 50 c.

Les Diables roses, par Adrien Robert.
3 vol. 13 fr. 50 c.

Quintin le Forgeron, par Charles Deslys.
3 vol. 12 fr.

Les Œufs de Pâques, par Roger de Beauvoir.
2 vol. 8 fr.

Mademoiselle de Pons, par la comtesse D'Ash. — 3 vol. 12 fr.

Élie, par Marcel Chasserieau. — 2 vol. 8 fr.

Evenor et Leucippe, par George Sand.
3 vol. 15 fr.

Deux Bretons, par Xavier de Montépin.
6 vol. 27 fr.

Monsieur de Boisdhiver, par Champfleury. — 5 vol. 20 fr.

La Maison Dombey père et fils, par C. Dickens. — 5 vol. 20 fr.

Le Bonhomme Meaurevert, par le marquis de Foudras. — 2 vol. 9 fr.

Les Amours mortels, par Adrien Robert.
2 vol. 8 fr.

La Dernière Fée, par James, traduction Nettement. — 1 vol. 4 fr.

La Meilleure Part, par G. de La Landelle.
4 vol. 16 fr.

L'Amour à l'aveuglette, par Maximilien Perrin. — 2 vol. 8 fr.

Une Anglaise sur le Continent, par P. Vialon. — 4 vol. 16 fr.

La Sirène, par Xavier de Montépin.
2 vol. 9 fr.

Le comte de Vermandois, par le bibliophile Jacob. — 7 vol. 28 fr.

Géorgine, par Madame Ancelot. — 2 vol. 8 fr.

Un Portier qui se dérange, par Marc Leprevost. — 3 vol. 12 fr.

DERNIÈRES NOUVEAUTÉS D'ALEXANDRE DUMAS.

Journal de Madame Giovani,
4 vol. 20 fr.

Les Grands Hommes en robe de chambre.

1° **Henri IV**.	2 vol.	10 »
2° **Richelieu**.	5 vol.	25 »
3° **César**.	7 vol.	35 »

Médine et la Mecque, pélerinage aux villes saintes. — 6 vol. 30 fr.

Mohicans de Paris. — 19 vol. 95 fr.

Salvator le Commissionnaire (Suite des *Mohicans de Paris*. — 6 vol. 30 fr.

Madame Dudeffand, 2 vol. 10 fr.

NOUVEAUTÉS PRÉCÉDENTES.

Madame de Montflanquin, par PAUL DE KOCK.	5 vol.	25 »
La belle Aurore, par la comtesse D'ASH.	6 vol.	24 »
L'Eau et le Feu, par G. DE LA LANDELLE	2 vol.	8 »
La Perle du Palais-Royal, par XAVIER DE MONTÉPIN	3 vol.	13 50
Les Hommes des Bois, par le marquis de FOUDRAS	2 vol.	9 »
La comtesse de Bossut, par la comtesse D'ASH.	3 vol.	12 »
La Princesse Palatine, par LA MÊME.	3 vol.	12 »
Histoire de ma vie, par G. SAND	20 vol.	100 »
Le Lord de l'Amirauté, par ADRIEN ROBERT.	3 vol.	12 »
Le Spectre de Châtillon, par ÉLIE BERTHET.	5 vol.	20 »
Un Monde inconnu, par PAUL DUPLESSIS.	2 vol.	8 »
Un Zouave, par CHARLES DESLYS.	5 vol.	20 »
La Pénélope Normande, par ALPHONSE KARR.	2 vol.	9 »
Deux routes de la vie, par G. DE LA LANDELLE.	4 vol.	16 »
L'Idiot, par XAVIER DE MONTÉPIN.	5 vol.	22 50
Une Passion diabolique, par MAXIMILIEN PERRIN.	2 vol.	8 »
Camille, par ROGER DE BEAUVOIR.	2 vol.	8 »
Sophie Printemps, par ALEXANDRE DUMAS FILS.	2 vol.	8 »
Blanche Fleur, par PAUL FÉVAL.	2 vol.	8 »
La comtesse de Charny, par ALEX. DUMAS.	19 vol.	104 50
L'Inconnu, par PROSPER VIALON.	2 vol.	8 »
Deux Trahisons, par AUGUSTE MAQUET.	2 vol.	8 »
La Marquise sanglante, par la comtesse D'ASH.	3 vol.	12 »

ALEXANDRE DUMAS.

Le Page du duc de Savoie.	8 vol.	40 »
Ingénue.	7 vol.	35 »
Vie et Avent. de la Princesse de Monaco.	6 vol.	30 »
El Salteador.	3 vol.	15 »
Catherine Blum.	2 vol.	10 »
Une Vie artiste.	2 vol.	10 »
Souvenirs de 1830 à 1842.	8 vol.	40 »

PAUL DE KOCK.

La Bouquetière du Château-d'Eau . . .	6 vol.	30 »
Un Monsieur très-tourmenté.	2 vol.	10 »
Les Étuvistes.	8 vol.	40 »

MARQUIS DE FOUDRAS.

Un Amour de vieillard.	3 vol.	13 50
Les Veillées de Saint-Hubert.	2 vol.	9 »
Un Drame en famille.	5 vol.	22 50
Un grand Comédien.	3 vol.	13 50

XAVIER DE MONTÉPIN.

Les Valets de cœur.	3 vol.	13 50
Sœur Suzanne (*fin des Valets de cœur*) . . .	4 vol.	18 »
Un Gentilhomme de grand chemin. . .	5 vol.	22 50

EUGÈNE SUE.

La famille Jouffroy.	7 vol.	35 »

PAUL DUPLESSIS.

La Sonora.	4 vol.	16 »
Capitaine Bravaduria.	2 vol.	8 »

MAXIMILIEN PERRIN.

Riche d'amour.	2 vol.	8 »
Un beau Cousin	2 vol.	8 »

ADRIEN ROBERT.

Jean qui pleure et Jean qui rit	2 vol.	9 »
Le mauvais Monde	2 vol.	8 »

OUVRAGES DIVERS.

Pérégrine (*fin du Prince de Galles*), par Léon Gozlan.	4 vol.	16 »
Le dernier Chapitre, par la comtesse d'Ash. .	4 vol.	16 »
Mémoires de Ninon de l'Enclos, par Mirecourt.	8 vol.	32 »
Corps franc des Rifles, par Meyne Reid. . .	4 vol.	16 »
Le château de Noirac, par G. de La Landelle.	2 vol.	8 »
L'Ensorcelée, par Jules Barbey d'Aurevilly. .	2 vol.	8 »
Adriani, par George Sand	2 vol.	10 »
Honneur (l') de la Famille, par G. de La Landelle.	2 vol.	8 »
Le Tueur de Tigres, par Paul Féval	2 vol.	8 »
Les Parvenus, par le même	3 vol.	12 »
Les Grands Jours d'Auvergne, par Paul Duplessis	9 vol.	36 »
Les Étapes d'un volontaire, par le même . .	12 vol.	48 »
La Famille Aubry et Louspillac et Bautrubin, par Paul Meurice.	4 vol.	16 »
Mystère de la Famille, par Elie Berthet . .	3 vol.	12 »
La Baronne Trépassée, par le vicomte Ponson du Terrail	3 vol.	12 »
Les Coulisses du monde, par le même . . .	8 vol.	32 »

SCEAUX (Seine). — Imprimerie de MUNZEL frères.

Mariage (le) **aux écus**, par Maximilien Perrin . .	2 vol.
Femmes (les) **de la Bourse**, par Henri de Kock .	2 vol.
Nicette, par Adrien Paul.	2 vol.
Cochon (le) **de St-Antoine**, (conte) par Ch. Hugo.	3 vol.
Camille, par Roger de Beauvoir.	2 vol.
Madame de Monflanquin, par Paul de Kock. .	5 vol.
La Bouquetière du Château-d'Eau, par le même.	6 vol.
Un monsieur très tourmenté, par le même. .	2 vol.
Les Étuvistes, par le même.	8 vol.
L'Eau et le Feu, par G. de la Landelle. . . .	2 vol.
Faustine et Sydonie, par madame Ch. Reybaud.	3 vol.
Jean qui pleure et Jean qui rit, par Ad. Robert	2 vol.
Un amour de vieillard, par le marq. de Foudras.	3 vol.
Les Veillées de Saint-Hubert, par le même. .	2 vol.
Deux trahisons par Auguste Maquet.	2 vol.
La famille Aubry, par Paul Meurice	3 vol.
Les trois Reines, par X. B. Saintine. . . .	2 vol.
Un Mari confident, par madame Sophie Gay. .	2 vol.
Une vieille Maîtresse, par J. Barbey d'Aurevilly.	3 vol.
Le capitaine Simon, par Paul Féval.	2 vol.
Georges III, par Léon Gozlan	3 vol.
Le prince de Galles, par le même	5 vol.
Pérégrine, par le même.	4 vol.
La Sonora, par Paul Duplessis.	4 vol.
Le Neuf de pique, par la comtesse Dash. . .	6 vol.
Mystères de la famille, par Élie Berthet. . .	3 vol.
Le château de Noirac, par G. de la Landelle. .	2 vol.
Riche d'amour, par Maximilien Perrin. . . .	2 vol.
Le mauvais Monde, par Adrien Robert. . . .	2 vol.
La mère Rainette, par Charles Deslys. . . .	6 vol.

Fontainebleau. — Imp. de E. Jacquin.

www.ingramcontent.com/pod-product-compliance
Lightning Source LLC
Chambersburg PA
CBHW070843170426
43202CB00012B/1928